JN334739

新形式問題 完全対応

TOEIC® TEST 全パート まるごと スピードマスター

成重 寿
Narishige Hisashi

松本恵美子
Matsumoto Emiko

Jリサーチ出版

TOEIC is a registered trademark of Educational Testing Service (ETS).
This publication is not endorsed or approved by ETS.

はじめに

🐱 ビギナーにぴったりの総合テキスト

　TOEICを受験するのにどんな準備をすればいいのだろう——。はじめて受験する人はみんな共通してそんな悩みをもっているはずです。
　本書はそんなビギナーのために、TOEIC受験に必要な知識と解法テクニックを伝授して、だれでも確実に600点が取れるように導くものです。
　私たちがめざしたのは、一番わかりやすい「総合テキスト」です。そのためには、私たち自身がもう一度初心に戻ってTOEICというテストの全体を見直し、分析して、600点獲得に必要なエッセンスを抽出することにしました。
　そうして選び出した知識・情報・解法テクニックを整理して、頭に入りやすいように配列しました。また、説明はできるかぎり視覚に訴えるようにして、内容が瞬時に理解できるように心がけました。
　本書は「TOEICまるごと理解」→「パート別まるごと対策」→「ハーフ模擬試験」→「（別冊）直前対策チェック」という流れで構成されていて、TOEIC対策のすべてを盛り込んだ完全パッケージになっています。

🐱 「基礎英語力」×「解法テクニック」＝ 600点

　600点を獲得する両輪となるのは「基礎英語力」と「TOEIC解法テクニック」です。
　TOEICには中学・高校で学んでいない日常生活やビジネスの単語・表現が使われます。リスニングでは、日常生活やオフィスで話される会話やアナウンスをナチュラルに近いスピードで聞き取らなければならず、リーディングでは大量の英文を素早く処理していかなければなりません。

単語・リスニング・リーディングのすべてにおいて、しっかりした「基礎英語力」を身につけておくことが求められるのです。
　また、TOEICの各パートにはそれぞれ特徴があり、その特徴に対応した「解法テクニック」を使いこなせば、試験で絶対に有利です。Part 2なら「文頭に注意して聞く」、Part 3, 4なら「設問・選択肢を先読みする」、Part 5, 6なら「選択肢を見て問題の種類を見極める」、Part 7なら「文書の目的は冒頭を見る」などが、代表的なものです。
　こうした「解法テクニック」はいずれもシンプルなものですが、身につけておいて本番で駆使すれば、確実なスコアアップ効果が期待できます。

はじめての受験で目標達成しよう

　TOEICの600点というのは、「英語の基礎はOK」と評価されるレベルです。そのため、企業が採用の際の目安としたり、海外出張の基準として考慮したりしているのです。
　TOEICを受験すると決めたなら、最初の目標は600点に設定しましょう。600点を獲得していれば、エントリーシートにも自信をもって記入することができます。
　私たちが強調したいのは、この600点というスコアは、英語の得手不得手に関係なく、だれもが正しい学習法で必要な期間にわたって学習すれば達成できる目標だということです。ぜひ本書を最大限活用して、「はじめてで600点」をめざしましょう。
　ビギナーの皆さんが全員、目標スコアを達成されることが、著者である私たちの何よりの願いです。

著者

TOEIC® TEST全パートまるごとスピードマスター

CONTENTS

はじめに……………………………………………………… 2
本書の利用法………………………………………………… 6

■ 第1章　TOEICがまるごとわかる！……9
❶ TOEICはこんなテストだ………………………………… 10
❷ 7つのパートまるわかり………………………………… 14
❸ 学習計画はココが勝負！………………………………… 24
❹ 直前1週間はココが勝負！……………………………… 28
❺ 受験の前日・当日はココが勝負！……………………… 30

■ 第2章　パート別まるごと対策…………33

リスニング・セクション

Part 1　写真描写問題
傾向と対策………………………………… 34
解法1～4………………………………… 36
頻出問題にトライ！……………………… 44
頻出ポイントCheck！…………………… 48

Part 2　応答問題
傾向と対策………………………………… 50
解法5～10………………………………… 52
頻出問題にトライ！……………………… 62
頻出ポイントCheck！…………………… 68

Part 3　会話問題
傾向と対策………………………………… 70
解法11～14*……………………………… 72
頻出問題にトライ！……………………… 84
頻出ポイントCheck！…………………… 92

*解法14はPart 3・4共通

4

Part 4 説明文問題
- 傾向と対策 ································ 94
- 解法14〜15 ································ 96
- 頻出問題にトライ！ ······················ 104
- 頻出ポイント Check！ ··················· 112

リーディング・セクション

Part 5 短文穴埋め問題
- 傾向と対策 ································ 114
- 解法16〜20 ································ 116
- 頻出問題にトライ！ ······················ 126
- 頻出ポイント Check！ ··················· 133

Part 6 長文穴埋め問題
- 傾向と対策 ································ 136
- 解法21〜23 ································ 138
- 頻出問題にトライ！ ······················ 144
- 頻出ポイント Check！ ··················· 150

Part 7 読解問題
- 傾向と対策 ································ 152
- 解法24〜30 ································ 156
- 頻出問題にトライ！ ······················ 168
- 頻出ポイント Check！ ··················· 182

第3章 ハーフ模擬試験 ······················ 185
- 問題 ·· 186
- 正解・解説 ································ 224

[別冊] 直前対策チェックブック
- ❶ 直前対策5つのポイント ······················ 2
- ❷ 直前チェック！ 30の解法 ····················· 3
- ❸ 直前チェック！ 600点突破 Words & Phrases ······ 9
  動詞／形容詞・副詞／名詞／動詞句／イディオム／会話表現／コロケーション

本書の利用法

この本は、600点をめざす学習者を対象にしたTOEIC TESTの総合対策です。1冊でTOEICのすべてがわかり、必須の知識とテクニックを習得できるようにつくられています。

ビギナーの人はまずTOEICの全体像をつかみましょう。

第1章　TOEICがまるごとわかる！

試験の特徴／パートの流れ／DIRECTIONS（全訳付）
学習計画／直前対策／前日・当日の注意点

学習期間　1日

各パートの解法テクニックは600点突破に必須です！

第2章　パート別まるごと対策

視覚的にわかりやすく解説します。頻出ポイント・表現も満載。

学習期間　1週間（各パート：1日）＋復習

学習のしあげに挑戦しましょう。復習は時間をかけてしっかりと！

第3章　ハーフ模擬試験

学習期間　1日＋復習

試験前に確認すればスコアアップ確実です！

[別冊] 直前対策チェックブック

基本テクニックと頻出単語のパッケージです。

学習期間　直前1週間

[解法の紹介ページ]
「第2章 パート別まるごと対策」より

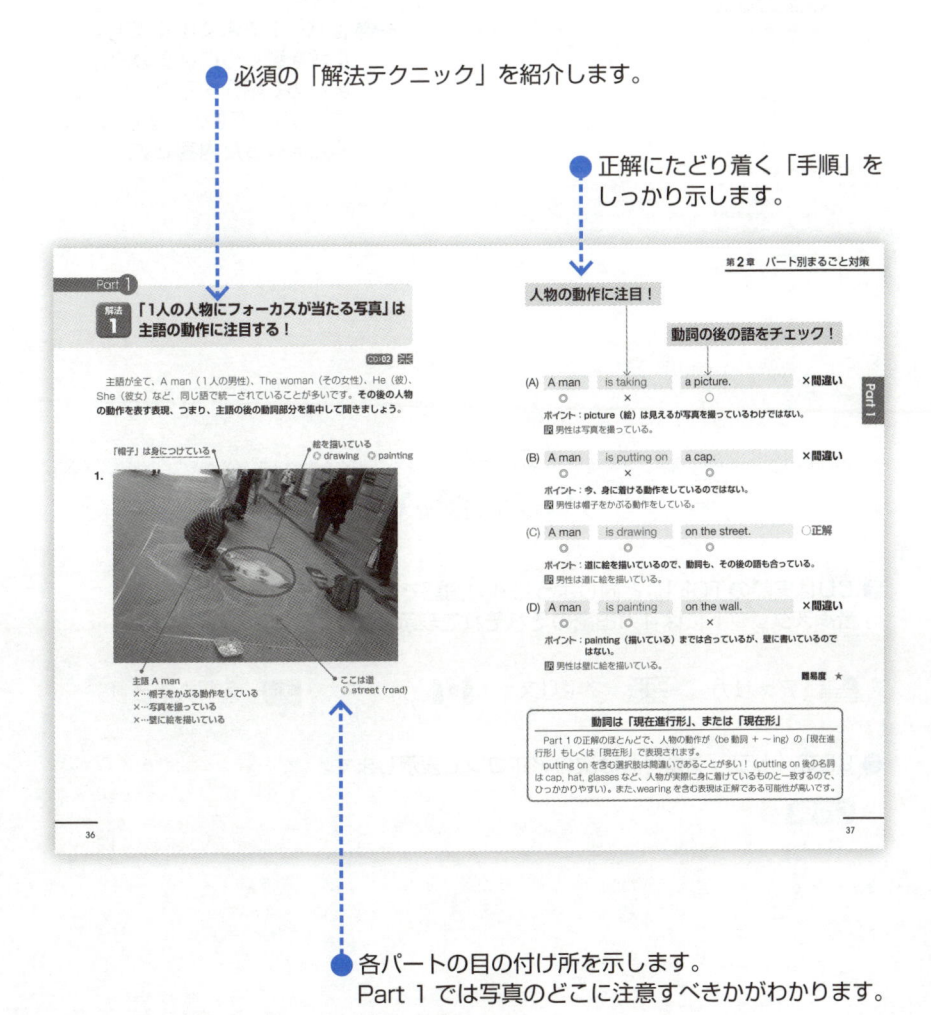

● 必須の「解法テクニック」を紹介します。

● 正解にたどり着く「手順」を
しっかり示します。

● 各パートの目の付け所を示します。
Part 1 では写真のどこに注意すべきかがわかります。

[頻出ポイント Check!]
「第2章 パート別まるごと対策」より

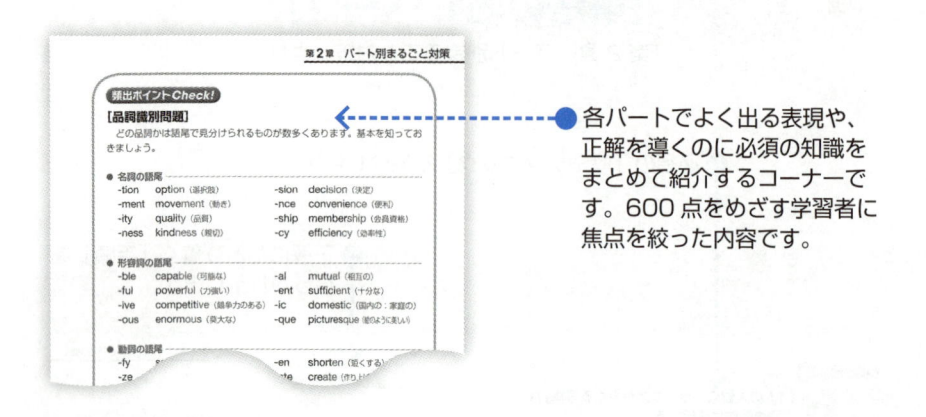

各パートでよく出る表現や、正解を導くのに必須の知識をまとめて紹介するコーナーです。600点をめざす学習者に焦点を絞った内容です。

[CDの使い方]

● CDは実際のTOEICと同じように4カ国語で録音されています。
音声スクリプトには4カ国語のそれぞれを表示します。

　　アメリカ　　イギリス　　カナダ　　オーストラリア

● CDの「トラック番号」は次のアイコンで表示します。
CD▶02

第1章

TOICがまるごとわかる！

1. TOEICはこんなテストだ……………10
2. 7つのパートまるわかり……………14
3. 学習計画はココが勝負！……………24
4. 直前1週間はココが勝負！…………28
5. 受験の前日・当日はココが勝負！…30

1 TOEICはこんなテストだ

　TOEIC (Test of English for International Communication) は米国の非営利組織 ETS (Educational Testing Service) が開発・制作する試験で、現在約150カ国で実施されています。受験者数は、日本国内で約266万人（2018年）です。

結果はスコア表示

　英語によるコミュニケーション能力を測定することを目的にしており、合否判定ではなく、スコアによってテスト結果を表示します。

　スコアは10～990の範囲で、5点刻みです。また、5～495点の範囲で、リスニング、リーディングの技能別のスコアも表示されます。難易度は統計的に調整されているので、実力が同じであれば、いつ受験しても同様のスコアが出るようになっています。

　最近の公開テストの平均スコアは約580点（リスニング：約320点、リーディング約260点）です。

英語だけのテスト

　TOEICは、指示文も問題もすべて英語によって行われます。すべての問題が、選択肢から正解を選ぶ形式の客観テストで、解答はマークシートに記入します。

　問題数はリスニング100問、リーディング100問、計200問で構成されています。解答時間は120分で、うちリスニングが45分、リーディングが75分です。リスニング・セクションは、試験会場で流される音声にしたがって進行します。

英語力のモノサシ

　TOEICはグローバルな英語の運用力を評価するテストで、会社員・公務員、大学生が受験者の中心です。公開試験のほか、IP (Institutional Program) と呼ばれる団体受験のプログラムがあり、企業や学校単位でも実施されています。

　企業・団体では、採用時や海外出張・駐在の基準、昇進・昇格の要件などに使われています。一方、学校では入学試験や単位認定の基準、クラス分けに利用されています。

Proficiency Scale
TOEICスコアとコミュニケーション能力レベルとの相関表

レベル	TOEICスコア	評価（ガイドライン）
A	860〜	**Non-Native として十分なコミュニケーションができる。** 自己の経験の範囲内では、専門外の分野の話題に対しても十分な理解とふさわしい表現ができる。Native Speaker の域には一歩隔たりがあるとはいえ、語彙・文法・構文のいずれも正確に把握し、流暢に駆使する力を持っている。
B	730〜860	**どんな状況でも適切なコミュニケーションができる素地を備えている。** 通常会話は完全に理解でき、応答もはやい。話題が特定分野にわたっても、対応できる力を持っている。業務上も大きな支障はない。正確さと流暢さに個人差があり、文法・構文上の誤りが見受けられる場合もあるが、意思疎通を妨げるほどではない。
C	470〜730	**日常生活のニーズを充足し、限定された範囲内では業務上のコミュニケーションができる。** 通常会話であれば、要点を理解し、応答にも支障はない。複雑な場面における的確な対応や意思疎通になると、巧拙の差が見られる。基本的な文法・構文は身についており、表現力の不足はあっても、ともかく自己の意思を伝える語彙を備えている。
D	220〜470	**通常会話で最低限のコミュニケーションができる。** ゆっくり話してもらうか、繰り返しや言い換えをしてもらえば、簡単な会話は理解できる。身近な話題であれば応答も可能である。語彙・文法・構文ともに不十分なところは多いが、相手がNon-Native に特別な配慮をしてくれる場合には、意思疎通をはかることができる。
E	〜220	**コミュニケーションができるまでに至っていない。** 単純な会話をゆっくり話してもらっても、部分的にしか理解できない。断片的に単語を並べる程度で、実質的な意思疎通の役には立たない。

資料提供：一般財団法人　国際ビジネスコミュニケーション協会

申し込み方法

　TOEICの受験申し込みは、インターネットで行うようになっています。
　試験日の40日くらい前までに申し込む必要があります。申込期間はホームページで確認しましょう。

> オフィシャル・ウェブサイト　http://www.toeic.or.jp/
>
> （一財）国際ビジネスコミュニケーション協会　IIBC 試験運営センター
> 　　　〒100-0014　東京都千代田区永田町2-14-2　山王グランドビル
> 　　　TEL：03-5521-6033　FAX：03-3581-4783
> 　　　（土・日・祝日・年末年始を除く 10:00 〜 17:00）

当日の持ち物

①受験票

　受験日の2週間ほど前に郵送されてきます。1週間前になっても届かない場合は、IIBC試験運営センターに問い合わせましょう。あらかじめ、「証明写真」（縦4センチ×横3センチ。インスタント写真可）を貼って、名前を記入しておく必要があります。
　受験票の裏には受験会場までのアクセスが案内されています。交通機関や駅からの道順を確認しておきましょう。車（タクシーも）で行くことは禁止されています。

②写真付きの本人確認書類

　運転免許証、パスポート、学生証、住民基本台帳カード、マイナンバーカードなど、公的に本人であることを証明できるもの。

③筆記用具

　HBの鉛筆またはシャープペンシル、プラスチック消しゴム

④腕時計

　受験する教室に時計はありません。また、携帯電話、置き時計、ストップウォッチは使用が禁止されています。

試験当日のスケジュール

11:45～12:30　集合・受付　（12:30までに受付をしないと受験することができません）
- 受験番号に合った席につきましょう。席には「受験のしおり」と「マークシート」が置かれています。「受験のしおり」を参考にして、「マークシート」に必要事項を記入しましょう。
- 12:30を過ぎると、席を離れることはできなくなります。お手洗いはその前に済ませておきましょう。

12:30～13:00　試験の説明、音テスト、問題用紙の配布
- 音が聞き取りにくい、椅子に不備がある、エアコンが直撃するなどの問題点は、試験官に伝えて解決してもらいましょう。

13:00～15:00　試験開始～試験終了　（リスニング約45分・リーディング75分）
- 試験の終了時刻は、リスニング試験の長さによって、15:01や15:02になることがあります。
- お手洗いに行きたい、気分が悪いなどの場合は、挙手をすれば試験官が対応してくれます。ただし、リスニング試験の時間は原則として、お手洗いに行くことはできません。

15:00～15:15（予定）　マークシートと問題冊子の回収～解散
- TOEICでは問題冊子も回収されます。

2　7つのパートまるわかり

　TOEIC TESTはリスニング・セクション（Part 1～4）とリーディング・セクション（Part 5～7）で構成されています。それぞれ100問ずつで、解答時間はリスニング約45分、リーディング75分です。設問は選択形式で、Part 2が3肢択一である以外は、すべて4肢択一です。

テストの流れ

時間	パート	問題形式	設問数	選択肢
13:00	スタート			
▼				
	Part 1	写真描写問題	6問	4択
▼				
	Part 2	応答問題	25問	3択
▼				
	Part 3	会話問題	39問	4択
▼				
	Part 4	説明文問題	30問	4択
▼				
13:45	Part 5	短文穴埋め問題	30問	4択
▼				
	Part 6	長文穴埋め問題	16問	4択
▼				
	Part 7	読解問題	54問	4択
▼				
15:00	終了		計：200問	

第1章　TOEICがまるごとわかる！

リスニング・テスト　⏱ 約45分

TOEICはまずリスニング・テストからスタートします。すべてのパートで音声は1回しか流れません。しっかり集中して、試験に入っていくことが大切です。

指示文

LISTENING TEST

In the Listening test, you will be asked to demonstrate how well you understand spoken English. The entire Listening test will last approximately 45 minutes. There are four parts, and directions are given for each part. You must mark your answers on the separate answer sheet. Do not write your answers in your test book.

リスニング・テスト

リスニング・テストでは、話される英語をどれくらいよく理解できているかを示すことが求められます。リスニング・テスト全体は約45分の長さです。4つのパートがあり、それぞれのパートに指示文があります。解答は別紙のマークシートに記入しなければなりません。問題冊子に解答を記入してはいけません。

600点に必要な正当数　約60～65問

＊各回の問題の難度によって、必要な正答数は変動します。

> **特ダネ**
> Directions（指示文）は毎回、決まったものです。この本で頭に入れておけば、試験本番では聞く必要はありません。その時間を、Part 1では写真をチェックする、Part 3, 4では直近の問題の設問・選択肢を見ることに充てましょう。

（注意）Directions は従来のものを一部変更して使用しています。

15

Part 1 写真描写問題…6問

形式 写真を描写するのに最適の文を4つの選択肢から選ぶ。

1問の解答時間 🕐 **5秒**（音声が流れ終わってから次の問題まで）
※ページをめくる際には5秒プラスのポーズがある。

Directions: For each question in this part, you will hear four statements about a picture in your test book. When you hear the statements, you must select the one statement that best describes what you see in the picture. Then find the number of the question on your answer sheet and mark your answer. The statements will not be printed in your test book and will be spoken only one time.

（以下で、サンプル設問が読まれます）

指示文: このパートのそれぞれの設問で、問題冊子の写真について4つの文を聞きます。それらの文を聞いて、写真の中で見えるものを最もよく描写している文を1つ選ばなければなりません。それから、マークシートの設問番号を見つけて、解答をマークします。文は問題冊子には印刷されておらず、1回だけしか読まれません。

[設問の導入ナレーション]

No.1

Look at the picture marked No.1 in your test book.

テスト冊子にある1と指定された写真を見てください。

特ダネ

①人物が大きく写っている写真は解きやすい。
②人がいない写真、人が小さく写っていて室内・風景が中心の写真は難問である。
③室内・風景の写真は、モノの位置関係に注意。

Part 2 応答問題…25問

形式 流れてくる質問に対して、最適の応答を3つの選択肢から選ぶ。

1問の解答時間 🕐 **5秒**（音声が流れ終わってから次の問題まで）
※ページをめくることはない。

Directions: You will hear a question or statement and three responses spoken in English. They will not be printed in your test book and will be spoken only one time. Select the best response to the question or statement and mark the letter (A), (B), or (C) on your answer sheet.

指示文：1つの質問または文と3つの応答が英語で読まれます。それらは問題冊子には印刷されておらず、1回しか読まれません。質問または文に対する最適な応答を選んで、マークシートの(A)、(B)、(C)のどれかにマークしてください。

特ダネ
① 疑問詞を聞き取れれば答えられる問題がある。
② 質問と応答の対応に注意して、「会話の流れ」が自然なものを選ぶ。
③ 長考していると、次の設問も落とすことになるので注意！

Part 3 会話問題…39問

形式 2人または3人の話者による会話が13セットあり、1セットについて3つの設問が付属している。会話が流れた後で設問に答える。設問は音声でも流れる。

1問の解答時間 🕐 **8秒**（設問の音声が流れ終わってから次の音声まで）
※ページをめくる際には5秒プラスのポーズがある。

Directions: You will hear some conversations between two or more people. You will be asked to answer three questions about what the speakers say in each conversation. Select the best response to each question and mark the letter (A), (B), (C), or (D) on your answer sheet. The conversations will not be printed in your test book and will be spoken only one time.

....

指示文： 2人またはそれ以上の人のいくつかの会話を聞きます。それぞれの会話で話者が話すことについて3つの設問に答えることを求められます。それぞれの設問への最適な答えを選んで、マークシートの (A)、(B)、(C)、(D) の1つをマークしてください。会話は問題冊子には印刷されておらず、1回しか読まれません。

[会話の導入ナレーション]

Questions 32-34 refer to the following conversation.

設問 32 〜 34 は次の会話に関するものです。

> **特ダネ**
> ① Directions は聞かずに、最初のセットの設問・選択肢を読もう。
> ② あらかじめ設問・選択肢に目を通して、聞き取るポイントをつかんでおくほうが断然解きやすい。
> ③ 1問目は会話の冒頭、2問目は中ほど、3問目は終わりにヒントがあることが多い。

Part 4 説明文問題…30問

形式 話者１人によるトークが10セットあり、１セットについて３つの設問が付属している。トークが流れた後で設問に答える。設問は音声でも流れる。

１問の解答時間 🕐 **8秒**（設問の音声が流れ終わってから次の音声まで）
※ページをめくる際には５秒プラスのポーズがある。

Directions: You will hear some talks given by a single speaker. You will be asked to answer three questions about what the speaker says in each talk. Select the best response to each question and mark the letter (A), (B), (C), or (D) on your answer sheet. The talks will not be printed in your test book and will be spoken only one time.

....

指示文： １人の話者のいくつかのトークを聞きます。それぞれのトークで話者が話すことについて３つの設問に答えることを求められます。それぞれの設問への最適な答えを選んで、マークシートの (A)、(B)、(C)、(D) の１つをマークしてください。トークは問題冊子には印刷されておらず、１回しか読まれません。

［説明文の導入ナレーション］
Questions 71-73 refer to the following message.
設問 71 〜 73 は次のメッセージに関するものです。

特ダネ
① Directions は聞かずに、最初のセットの設問・選択肢を読もう。
② １問目はアナウンスの冒頭、２問目は中ほど、３問目は終わりにヒントがあることが多い。
③ １つのテーマをじっくり話すので、内容を理解しやすい。

リーディング・テスト　🕐 75分

リーディング・テストは75分間ですが、大量の英文を読むことになるので、この時間制約は厳しいと言えます。正確にスピーディーに進めることが大切です。

指示文

READING TEST

In the Reading test, you will read a variety of texts and answer several different types of reading comprehension questions. The entire Reading test will last 75 minutes. There are three parts, and directions are given for each part. You are encouraged to answer as many questions as possible within the time allowed.

You must mark your answers on the separate answer sheet. Do not write your answers on your test book.

リーディング・テスト

リーディング・テストでは、さまざまな文章を読んで、いくつかの異なった種類の読解の設問に答えます。リーディング・テスト全体は75分の長さです。3つのパートがあり、それぞれのパートに指示文があります。与えられた時間内に、できるかぎり多くの設問に答えるようにしてください。

解答は別紙のマークシートに記入しなければなりません。問題冊子に解答を記入してはいけません。

600点に必要な正当数　約65〜70問

＊各回の問題の難度によって、必要な正答数は変動します。

特ダネ

「Part 5, 6」と「Part 7」でおおよその時間配分を決めておきましょう。時間の無駄を避けるためにも、解けそうにない問題を長考しないこと。また、わからない問題はマークして先に進みましょう。

Part 5 短文穴埋め問題…30問

形式 文の空所に入るのに最も適切な単語または語句を4つの選択肢から選ぶ。

推奨解答時間 🕐 1問 30 秒

Directions: A word or phrase is missing in each of the sentences below. Four answer choices are given below each sentence. Select the best answer to complete the sentence. Then mark the letter (A), (B), (C), or (D) on your answer sheet.

....

指示文： 以下の文のそれぞれで単語または語句が空所になっています。それぞれの文の下に4つの選択肢が示されています。文の空所を補充するのに最適の選択肢を選んでください。そして、マークシートの(A)、(B)、(C)、(D)のうち1つをマークしてください。

特ダネ

① 文法知識を問う問題は中学・高校の範囲。ここでしっかり得点しよう。
② 品詞を識別する問題、動詞の形を選ぶ問題も、空所の役割がわかれば確実に解ける。
③ 単語問題は知っているかどうかがすべて。見切りが大切。ただ、難語はそんなにたくさん出ない。

Part 6 長文穴埋め問題…16問

形式 長文につくられた空所に最も適切な語句を4つの選択肢から選ぶ。長文は4つあり、それぞれに4つの空所がある。

推奨解答時間 🕐 1問 **30**秒

Directions: Read the texts that follow. A word, phrase, or sentence is missing in parts of each text. Four answer choices for each question are given below the text. Select the best answer to complete the text. Then mark the letter (A), (B), (C), or (D) on your answer sheet.

指示文: 次の文章を読んでください。それぞれの文章の一部で単語、語句または文が空所になっています。それぞれの設問の4つの選択肢は文章の下にあります。文章の空所を補充するのに最適の答えを選んでください。そして、マークシートの (A)、(B)、(C)、(D) のうち1つをマークしてください。

特ダネ
①空所の文だけで解ける問題はほとんどない。文脈を意識して、最初から読んでいこう。
②動詞の形を選ぶ問題は「時制」、つなぎ言葉を選ぶ問題は前後の「ロジック」がポイント。
③文選択問題は、キーワード、時制、代名詞など複数のヒントを活用しよう。

Part 7 読解問題…54問

形式 15セットの長文を読んで、付属する設問に解答する。Q147〜175はシングルパッセージ（10セットが標準）で、各セットの設問は2〜4問とまちまち。176〜185はダブルパッセージ（2セット）、186〜200はトリプルパッセージ（3セット）で、それぞれ5問ずつ設問がある。

推奨解答時間 1問 60秒

※600点目標ではすべてを解ききれない。3セット程度の解き残しは覚悟しておこう。

Directions: In this part you will read a selection of texts, such as magazine and newspaper articles, letters, and advertisements. Each text is followed by several questions. Select the best answer for each question and mark the letter (A), (B), (C), or (D) on your answer sheet.

指示文：このパートでは、雑誌や新聞の記事、レター、広告などのさまざまな文章を読みます。それぞれの文章の後にいくつかの設問が用意されています。それぞれの設問に対する最適の解答を選び、マークシートの(A)、(B)、(C)、(D)のうち1つをマークしてください。

特ダネ
①シングルパッセージは最初のほうは簡単な文章が多いので、基本的には順番に解いていくのがいい。
②シングルパッセージの終わりのセットは難しいことがある。ダブル・トリプルパッセージには簡単なセットもあるので、難しいシングルパッセージをパスして、こちらを先に解く手もある。
③文挿入問題は、キーワード、時制、代名詞など複数のヒントを活用しよう。

3 学習計画はココが勝負！

自分の生活に合った計画を

　学習計画を立てる際には、現実的な計画にして、確実にこなしていくことが大切です。あまり欲張りすぎたり、理想的すぎたりすると途中で挫折してしまいます。

　大学生の方は他の勉強と並行して進めなければなりませんし、会社員の方は仕事に追われる毎日の中で取り組まなければなりません。どれくらい学習時間が確保できるかを判断して、自分にベストの計画を立てましょう。

200点アップなら400〜500時間が必要

　TOEICスコアの400点を600点まで引き上げるには、統計的に400〜500時間の学習時間が必要です。500点から600点であれば、200〜250時間が必要です。こうした数字を参考にして、学習計画を立てるようにしましょう。

　自分の現時点での実力がわからなければ、『公式問題集』の模擬試験を1回分解いてみるのがベストです。本番と同じように、時間制限を課して解けばある程度正確なスコアを知ることができます。ちなみに、大学1年生のTOEIC平均スコアは約420点です。

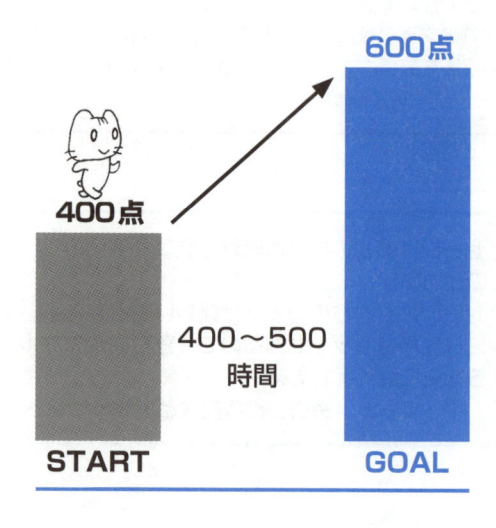

1週間単位でしっかり消化する

　学習計画の全体は1年（または半年）で立てて、1週間のノルマを決めておき、それに従って実行していくといいでしょう。

　社会人の方は、平日は平均1時間取るのがやっとかもしれません。週末は3時間くらい確保して、「週8時間」なら現実的でしょう。日曜はお休みにするか、予備の日にしておくといいですね。

　時間がつくりやすい人や大学生の方、短期集中型の人はこの2倍の週16時間が可能かもしれません。

学習教材を揃えよう

　「総合対策」は手にとっていただいている本書で進めていただくとして、他に「公式問題集」を購入しておきましょう。できれば、最新のものがベターです。あとは「単語集」が1冊あると便利です。

---

①総合対策　▶　本書
②公式問題集　▶　最新のもの
③単語集　▶　600点突破に必要な単語・表現が収録されているもの

（出費）6,000円前後

オススメ：『TOEIC TEST 必ず☆でる単スピードマスター』
　　　　（Jリサーチ出版／成重寿 著／本体880円／音声ダウンロード）

　学習を進めてみて、必要に応じて、「文法対策」「リスニング対策」「長文読解対策」などの技能別の参考書・問題集を利用しましょう。

　ただし、まずは①～③を使いこなすことに徹しましょう。

　600点突破の決め手になるのは「しっかりした英語の基礎力」と「TOEICの基礎知識」です。900点超をめざす人のように、些末な傾向の知識は必ずしも必要ありません。しっかりした基礎力があれば、600点は取れます！

１週間の学習プラン

学習時間　🕐 **8時間**

Day	Total Time	Listening	Reading	Vocabulary	Check
Mon.	1	1			✔
Tue.	1		1		✔
Wed.	1	1			
Thu.	1		1		
Fri.	1	1			
Sat.	3		1	2	
Sun.	予備日				

- どのテキストを使って、何時間の学習をするかを週単位で決めておくといいでしょう。
- 学習内容は、技能別やテキスト別で決めていきましょう。
- 実行できたかどうかも、週単位でチェックしましょう。
- 日曜日は予備として確保。月〜土にできなかった時間を消化しましょう。月〜土が計画通りなら、日曜はお休みでもいいでしょう。

１年間の学習プラン

学習時間 🕐 **420** 時間　　**目標スコア** **600** 点

Month	Total Time	Listening	Reading	Vocabulary	Check
1st	35	14	14	7	✔
2nd	35	14	14	7	✔
3rd	35	14	14	7	✔
4th	35	14	14	7	
5th	35	14	14	7	
6th	35	14	14	7	
7th	35	14	14	7	
8th	35	14	14	7	
9th	35	14	14	7	
10th	35	14	14	7	
11th	35	14	14	7	
12th	35	14	14	7	

- １年（または半年）の中期スケジュールをつくっておきましょう。学習時間とともに計画しておけば、モチベーションを維持しやすくなります。
- 月単位で、予定の学習時間を消化できたかどうかチェックしましょう。
- １年スケジュールなら、途中で一度ＴＯＥＩＣを受けて、その結果によって学習法（どこに重点を置くか）や学習時間を調整するのもいいでしょう。

4 直前1週間はココが勝負！

　試験もあと1週間後と迫ってくると、緊張感も高まってきます。ですが、ことさらに焦る必要はありません。しっかり準備の仕上げをすることに集中しましょう。

①リスニングの音声を聞く

　リスニングの感覚は、1週間何もしないと、鈍ってしまうものです。毎日15分くらいでもいいので、TOEICの音声を聞くようにしましょう。
　素材は、ナレーターが同じ（全員が同じとはかぎりませんが）である『公式問題集』の音声がいいでしょう。

* Part 1は写真に写っている、日常生活空間の単語を知っているかどうかがカギです。よく出る単語を復習しておきましょう。
* Part 2は短い会話で、スピードが速いので、耳を慣らしておくことが大切です。
* Part 3と4は「設問（図表）の先読み」→「聞き取り」という一連の作業です。試験の直前に、実際に問題を解いてみて、一連の作業が自然にできるか確認しておきましょう。

②文法問題を復習する

　リーディング・セクションでは、Part 5が短期間の準備に適しています。過去に解いた問題で、間違ったものや、根拠なく正解した問題をしっかり復習しておきましょう。
　文法問題は一定のパターンがありますから、復習して解き方のポイントを頭に入れておくと、本番でスムーズに解けるようになります。
　単語問題は間違ったものをしっかり覚えるようにしておきましょう。

* Part 6は「つなぎ言葉」などの、頻出項目をチェックしておけば大丈夫でしょう。
* Part 7のスコアを直前1週間で伸ばすことは困難です。設問別の解き方を復習しておくことで十分でしょう。

③よく出る単語をチェックする

　単語の学習は「覚える」→「忘れる」→「覚える」の繰り返しで、習得数が増えていくものです。今まで使ってきた単語集の全体をざっと復習することで、頭に残る数を増やせます。

　あまり難しい単語は相手にせずに（出る頻度も少ない）、ベーシックな頻出語に焦点を当てて復習しましょう。

④テストの感触に慣れておく

　はじめてTOEICを受ける人は、直前1週間の時期に、過去に解いた模擬問題を再度通して解いてみると効果的です。

　問題の解き方は感覚的に身につけておくことが大切で、直前に通して模擬問題を解けば、解く感覚を維持しながら本番に臨むことができます。

＊リーディング・セクションは通して解くことで、時間配分の感覚をつかめます。Part 5・6とPart 7に割く時間をおおまかに決めておきましょう。あるいは、何時何分に（例えば、3時5分に）Part 7に入るなど、時刻の指針を決めておくのもいいでしょう。

5 受験の前日・当日はココが勝負！

　さあ、明日はいよいよTOEIC。前日と当日の過ごし方は意外に大切です。気を抜かず、必要なポイントをチェックしておきましょう。最終準備をしっかりしておけば、不必要に緊張することもなくなります。

☑ 体調をベストに

　TOEICは2時間の長丁場で、集中力の持続が求められます。前日は遅くまで仕事をしたり、勉強したりしないで、早めに就寝するようにしましょう。お酒の好きな人も深酒は禁物！
　体力を温存して、ベストの状態で臨むことが何より大切です。

☑ 持ち物をチェック

　会場に持って行くものをチェックしましょう。①受験票、②筆記用具、③身分証明書（写真付き）、④腕時計（目覚まし時計やスマホは使えない）は必須です。

☑ 服装は柔軟に対応できるように

　試験会場は学校の教室が多いので、冬場は非常に寒いことがあります。寒さに耐えられる服装が必要。女性は膝掛けなどをもっていくことをお勧めします。夏場もエアコンが効きすぎていることがあるので、薄手の上着があるとベターです。

☑ 会場には早めに到着する

　試験会場には少し余裕を持って到着して、会場の雰囲気に慣れておきましょう。トイレにも行っておき、試験最中にあせらないようにしましょう。12:30以降は席を立つことはできません。

☑ マークシートをしっかり記入

　マークシートには、名前や受験番号を正確にマークしましょう。マークしたら、必ず1回は見直しましょう。マークシートに必要事項を記入することは試験に入る儀式のようなもので、これで気持ちが引き締まります。

☑ 目を閉じて、深呼吸

　自分の席が寒すぎる（暑すぎる）、椅子の具合が悪い、音が聞こえにくいなどは遠慮なく告知して、席を変えてもらいましょう。
　また、試験開始までは、意外に何もしなくていい時間があるものです。目を閉じて、深呼吸をしてみましょう。気持ちを落ち着かせることと、無駄な思考にエネルギーを使わないことが大切です。

☑ リスニングに長考は禁物

　リスニング・セクションでは、音声に集中することが大切です。1つの設問について考えすぎて、次の設問の音声に間に合わないことがあります。すばやくマークして次の設問に備えるのが鉄則です。長考は禁物です。

☑ 自分の時間配分で進める

　リーディング・セクションは自分の時間配分に沿って進めていきましょう。難しい問題はスキップするいさぎよさも大切です。自分が解けそうな問題をやり残さないようにしましょう。

☑ わからない問題もマークする

　マークシートにはすべてマークしましょう。途中にわからない問題があっても適当にマークして進みましょう。マークしておかないと、マークがずれてしまうという事故が起こることがあります。また、600点目標なら、解けない問題を後で考える余裕もないはずです。

☑ Never give up!

　試験は生き物。思いも寄らない事態に遭遇することがあります。最初から難しい問題が来る、一瞬ぼんやりして音声を聞き逃す、覚えた単語なのに意味が思い出せない、等々。

　しかし、途中でうまくいかない問題があるからといって、やる気をなくしてしまうのは最悪です。あくまで、全体を通して目標を達成するのだという気持ちで進めましょう。試験はスポーツの試合と同じです。最後まであきらめないこと！

第2章

パート別
まるごと対策

[リスニング・セクション]
Part 1 写真描写問題 ……………… 34
Part 2 応答問題 ……………………… 50
Part 3 会話問題 ……………………… 70
Part 4 説明文問題 …………………… 94

[リーディング・セクション]
Part 5 短文穴埋め問題 …………… 114
Part 6 長文穴埋め問題 …………… 136
Part 7 読解問題 …………………… 152

Part 1. 「写真描写問題」まるわかり！

問題の形式

　写真を見ながら、聞こえてくる4つの選択肢の中から写真の内容を最も適切に表しているものを選びます。**全部で6問あります。**問題用紙には問題番号と写真のみが掲載されています。

　各設問のはじめに、Look at the picture marked No.1 in your test book. というようなアナウンスが流れるので、ここで写真を見る時間があります。

問題の傾向

　まず、写真を見て何が写っているか判断し、選択肢が聞こえている間に英文の主語、動詞、目的語が写真と一致しているかどうか確認しましょう。

　例えば、写真に男性が1人だけ写っているのに、主語が They、People などで始まっていたらその選択肢は間違いだと判断します。

　写真の種類には次のようなものがあります。

人物が1人だけ写っている写真
▶ 主語は He, She, A man, A woman, A person など。主語が4つの選択肢全部同じ場合には、写真が表している動作と音声の動詞が一致しているかどうか確認しましょう。

人物が複数写っている写真
▶ 主語、動詞、目的語が多岐にわたります。人物それぞれの行動が共通していない場合は、周辺のものが主語になる選択肢が正解であることも多いです。

室内・風景の写真
▶ 建物、家具、交通、植物などの位置関係、並び方を説明している問題が多くなります。

第2章　パート別まるごと対策

解き方の手順　次の3つのステップで解答しよう。

1 写真をみて、人物の写真か風景の写真か区別する

⬇

2 選択肢の主語が写真に写っているものと一致しているかチェック

⬇

3 写真の動作などが選択肢の動詞、目的語と一致しているかチェック

注意ポイント

　選択肢 (A)(B)(C)(D) を聞きながら、マークシートの正解と思われるマーク欄で筆記具を止め、最後まで聞いて他の選択肢が間違いであることを確認してから正解を黒くぬりつぶすようにしましょう。
　45分のリスニングの最初なので、このパートをしっかり攻略して自信をもって次に進みましょう。

Part 1

解法 1 「1人の人物にフォーカスが当たる写真」は主語の動作に注目する！

CD➤02 🇬🇧

　主語が全て、A man（1人の男性）、The woman（その女性）、He（彼）、She（彼女）など、同じ語で統一されていることが多いです。**その後の人物の動作を表す表現、つまり、主語の後の動詞部分を集中して聞きましょう。**

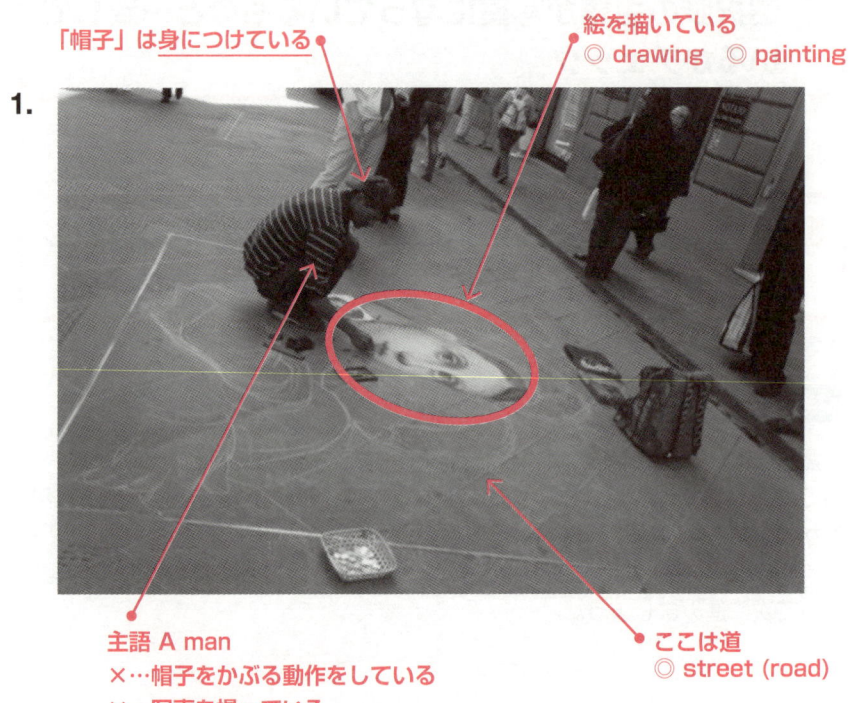

1.

「帽子」は身につけている

絵を描いている
◎ drawing　◎ painting

主語 A man
×…帽子をかぶる動作をしている
×…写真を撮っている
×…壁に絵を描いている

ここは道
◎ street (road)

第**2**章　パート別まるごと対策

人物の動作に注目！

動詞の後の語をチェック！

(A)　A man　　is taking　　a picture.　　　　×間違い
　　　　◎　　　　×　　　　　○

ポイント：picture（絵）は見えるが写真を撮っているわけではない。
訳 男性は写真を撮っている。

(B)　A man　　is putting on　　a cap.　　　　×間違い
　　　　◎　　　　×　　　　　◎

ポイント：今、身に着ける動作をしているのではない。
訳 男性は帽子をかぶる動作をしている。

(C)　A man　　is drawing　　on the street.　　○正解
　　　　◎　　　　◎　　　　　◎

ポイント：道に絵を描いているので、動詞も、その後の語も合っている。
訳 男性は道に絵を描いている。

(D)　A man　　is painting　　on the wall.　　×間違い
　　　　◎　　　　◎　　　　　×

ポイント：painting（描いている）までは合っているが、壁に書いているのではない。
訳 男性は壁に絵を描いている。

難易度　★

動詞は「現在進行形」、または「現在形」

　Part 1の正解のほとんどで、人物の動作が〈be動詞 + 〜ing〉の「現在進行形」もしくは「現在形」で表現されます。
　putting onを含む選択肢は間違いであることが多い！（putting on後の名詞はcap, hat, glassesなど、人物が実際に身に着けているものと一致するので、ひっかかりやすい）。また、wearingを含む表現は正解である可能性が高いです。

Part 1

解法 2 「複数の人物の写真」はまず人物を表す主語が正しいか確認！

CD>03

　まず、主語を表す表現が写真と一致しているか確認しましょう。次に、**動詞と写真の人物に共通する行動が合っているか、その後の語が写真と一致している**かチェックしましょう。

2.
主語　◎ People　　? Police officers　　? Soldiers

動詞　◎ marching　　◎ walking

制服を着た人々は同じ方向に歩いているか…◎
楽器をもっているか？…×
ここは field か？…×

38

第2章 パート別まるごと対策

人物を表す主語に注目！

動詞と、その後の語をチェック！

(A) People　　are playing　　some musical instruments.　×間違い
　　　◎　　　　？　　　　　　×

ポイント：People（人々）は同時に何かをしているが、楽器を演奏しているのではない。
訳 人々は楽器を演奏している。

(B) Police officers　are attacking　with guns.　×間違い
　　　？　　　　　　×　　　　　　×

ポイント：写真の人々は警官のように見えるが、銃を持って攻撃をしていない。
訳 警官たちは銃を持って攻撃をしている。

(C) Soldiers　are marching　in the field.　×間違い
　　　？　　　　◎　　　　　×

ポイント：写真の人々は「兵士」かどうかは写真からはわからない。marching（行進）しているようだが、ここは「野原」ではない。
訳 兵士たちは野原で行進している。

(D) People in uniforms　are walking　in the same direction.　○正解
　　　◎　　　　　　　　◎　　　　　◎

ポイント：制服を着た人々が in the same direction（同じ方向）に walking（歩行）しているので正解です。
訳 制服を着た人々は同じ方向に歩いている。

難易度 ★★

主観や憶測はダメ！

　写真を見ただけではわからない選択肢は不正解です。例えば写真の人物はみんな制服を着ていて、「警官」にも「兵士」にも見えますが、写真からは職業が断定できないので不正解になります。
　写真に写っている動作と同じ単語が選択肢に含まれているからといって、正解とはかぎりません。選択肢 (C) は動作を表す marching が写真と一致していますが、主語やその後に続く語が写真と一致していないので不正解となります。

Part 1

解法 3 「風景の写真」は主語が何かを予測して聞く。動詞は受動態に注意！

CD>04

　風景の写真では、写真を見て、主語が何になるのかを予測しながら聞きましょう。**主語が写真と一致していたら、それに続く動詞、さらに目的語や前置詞句についても写真を正確に描写しているかどうか**確認します。

写真の中に見えるものは何？
　絵…◎　　女性…◎　　商品…◎
　花…◯　　市場…×　　棚…×

× 女性は絵を描いている

3.

× 花は市場で陳列されている

◎ 絵が芝生の上に置かれている
× 商品は棚からつるされている

第2章　パート別まるごと対策

写真の中の主語に注目！

主語の後の動詞、目的語などをチェック！

(A) Pictures　are being placed　on the grass.　○正解
　　　◎　　　　　　◎　　　　　　　◎

ポイント：芝生の上に絵が置かれている。
訳 芝生の上に絵画がいくつか置かれている。

(B) A woman　is drawing　a picture.　×間違い
　　　◎　　　　×　　　　　◎

ポイント：今、絵を描いているかどうかは写真からは確認できない。
訳 1人の女性が絵を描いている。

(C) Flowers　are being displayed　at a market.　×間違い
　　　×　　　　　○　　　　　　　　×

ポイント：絵の中に「花」が描かれているが、花が並んでいるのではない。
訳 花が市場で陳列されている。

(D) The merchandise　is hanging　on the rack.　×間違い
　　　◎　　　　　　　×　　　　　　×

ポイント：商品はつるされているのではなく、芝生の上に置いてある。
訳 商品が棚からつるされている。

難易度 ★★

動詞は「現在進行形の受動態」、写真にないものは間違い

　現在進行形の受動態は〈be + being + 過去分詞〉で、「〜されているところ」という状況を表し、正解にも不正解にも使われます。この問題では正解の(A)と不正解の(C)が現在進行形の受動態です。
　なお、写真に写っていない動作「(B) drawing」や、写真に見られないもの「(C) market」が出てきたら、その選択肢は明らかに間違いです。

41

Part 1

解法 4 「風景の写真」は位置関係の表現をチェック！

CD>05

　風景の写真の位置関係を説明する表現では、現在進行形や、受動態、There is / There are の構文で始まるものが頻出します。

写真の中に見えるもの……◎ 椅子　　◎ ベッド
　　　　　　　　　　　　（椅子ともベッドとも言える）
　　　　　　　　　　× 列　　× 顧客

4.

◎…すべてのベッドはだれにも使われていない
×…ベッドの上にたくさんの顧客がいる

第2章　パート別まるごと対策

全体をチェック！

(A)　The chairs are facing　　the window.　　×間違い
　　　◎　　　　　　　　　　　×

ポイント：椅子は全て屋外にあり、窓は見えない。
訳 椅子は全て窓側を向いている。　　　　現在進行形

(B)　All beds are　　unoccupied.　　○正解
　　　◎　　　　　　　◎

ポイント：全てのベッドは空いているので正解。
訳 全てのベッドは誰にも使われていない。　　受動態

(C)　There is a line　　in front of the house.　　×間違い
　　　×　　　　　　　　◎

ポイント：家の前に人の列は見られない。
訳 家の前に人の列ができている。　　There is ～の表現

(D)　There are many customers　　on the beds.　　×間違い
　　　×　　　　　　　　　　　　　◎

ポイント：ベッドの上には誰もいない。
訳 ベッドの上にたくさんの顧客がいる。　　There are ～の表現

There is / There are の後の語に注目！

難易度 ★★★

There is / There are の後の位置関係を示す前置詞句を確認しよう

前置詞で始まる修飾語句は頻出するので覚えておきましょう。

in front of ～　～の前に　　　　**on the beds**　ベッドの上に
behind the table　テーブルの後ろに　**across the street**　通りの向かい側に
against the wall　壁にもたれて　　**on the ground**　地面に

頻出問題にトライ！

CD▶06 〜 CD▶08

1.

Ⓐ Ⓑ Ⓒ Ⓓ

2.

Ⓐ Ⓑ Ⓒ Ⓓ

3.

Ⓐ Ⓑ Ⓒ Ⓓ

正解・解説

難易度 ★〜★★★

1. 正解：(A)　屋外の複数の人物　★★　CD>06

写真をCheck!　複数の人物が屋外にいる写真。

解説　1人の人物が自転車のペダルを踏んでいるので、正解は (A)。写真に荷物が見えるが、女性が取り出しているのではないので (B) は不正解。自転車は見えるがラックから降ろされているのではないので (C) は不正解。人物が2人見えるが、バスから降りているわけではないので (D) も不正解。

スクリプト

(A) One of the people is using the pedals.
(B) The woman is taking her luggage out of a compartment.
(C) The bicycle is being taken down from the rack.
(D) Both of the people are getting out of the bus.

スクリプトの訳

(A) 人々の中の1人がペダルを使っている。
(B) 女性がコンパートメントから荷物を取り出している。
(C) 自転車はラックから降ろされている。
(D) 2人ともバスから降りている。

---

2. 正解：(C)　1人の人物　★★★　CD>07

写真をCheck!　1人の人物が室内にいる写真。

解説　(A) は、1人の男性がパソコンに向かってタイプしているが、携帯電話に向かっていないので不正解。写真の中にケースのようなものは確認できないので、(B) も間違い。**パソコンを device（装置）と表現している (C) が正解**。(D) については、男性はキーボードでタイプしているのであって、キーボードを組み立ててはいない。

スクリプト

(A) He's typing on the mobile phone.
(B) He's setting the computer in the case.
(C) He's placing his fingertips on the device.
(D) He's assembling the keyboard of a laptop computer.

スクリプトの訳

(A) 彼は携帯電話にタイプをしている。
(B) 彼はケースの中にコンピュータを設置している。
(C) 彼は指先を装置の上に置いている。
(D) 彼はノートパソコンのキーボードを組み立てている。

☐ fingertip 名 指先　　　　　　　☐ assemble 他 組み立てる

3. 正解：(B)　室内の写真　★★★　　　　　CD>08

写真をCheck! 室内の広いラウンジに見える。

解説 現在、誰かによって座席が設置されているところではないので (A) は不正解。**全ての椅子は空いているので、(B) が正解である**。(C) は、カーペットが今、敷き延ばされているところではないので不正解。照明は天井に付いているので、(D) も間違い。

スクリプト

(A) Seats are being installed in the passenger lounge.
(B) All of the chairs in the facility are empty.
(C) A carpet is being rolled out over the floor.
(D) Lights have been taken out of the ceiling.

スクリプトの訳

(A) 座席は乗客ラウンジに据え付けられているところだ。
(B) 施設の全ての椅子は空いている。
(C) カーペットは床に延ばされている。
(D) 照明は天井から外されている。

☐ roll out （巻いたものを）広げる；延ばす

頻出ポイントCheck!

[写真描写問題によく出る表現]

写真描写問題にはよく出る表現の傾向があります。代表的な動詞・名詞・前置詞句などを覚えておきましょう。

● 空港・旅行の表現
- ☐ They are wearing hats.（彼らは帽子を被っている）
- ☐ They are carrying the suitcase.（彼らはスーツケースを運んでいる）
- ☐ People are checking their luggage.（人々は荷物を確認している）
- ☐ They are waiting in line.（彼らは1列になって待っている）
- ☐ Mountains can be seen in the distance.（山々が遠く見える）
- ☐ People are waiting with their suitcases.
（人々はスーツケースを持って待っている）

● 道路・交通の表現
- ☐ A man is refueling his car.（男性が車にガソリンを入れている）
- ☐ There is a lot of traffic on the street.（道路が混んでいる）
- ☐ Vehicles are covered with snow.（自動車は雪に覆われている）
- ☐ A car is causing a traffic jam.（ある車が渋滞を引き起こしている）
- ☐ Cars are parked along the road.（車が道に沿って停められている）

● オフィスの表現
- ☐ He is putting on his necktie.（彼はネクタイを着けているところだ）
- ☐ He is working at the computer.（彼はコンピュータで作業している）
- ☐ He is signing a document.（彼は書類にサインしている）

● 建物の表現
- ☐ The windows are being cleaned.（窓は今、掃除されているところだ）
- ☐ He is standing in the lobby.（彼はロビーに立っている）
- ☐ They are working on a house.（彼らは家に作業を施している）

第2章 パート別まるごと対策

● 公園・草木の表現
- ☐ There are many tulips in the park.
  （公園にたくさんのチューリップが咲いている）
- ☐ They are hiking in the trail. （彼らは山道をハイキングしている）
- ☐ He is watering some plants.（彼は植物に水をやっている）

● 室内の表現
- ☐ There is a mirror next to the door.（ドアのすぐ近くに鏡が1枚ある）
- ☐ Chairs have been arranged in a circle.（椅子が丸く並べられている）
- ☐ Chairs have been stacked in the corner.（椅子が隅に重ねられている）
- ☐ A cup is placed on top of the table.
  （カップがテーブルの上に置かれている）
- ☐ A rug is being carpeted by the couch.
  （ソファーの横に敷物が敷かれているところだ）
- ☐ Dishes are being washed by a cook.
  （コックによって皿が洗われているところだ）

● 美術館・ホテルの表現
- ☐ They are viewing art in a museum.
  （彼らは美術館で作品を鑑賞している）
- ☐ They are enjoying a meal.（彼らは食事を楽しんでいる）
- ☐ People are facing the display.（人々は展示に向かっている）

● レジャー・スポーツの表現
- ☐ They are rowing boats on the lake.（彼らは湖でボートを漕いでいる）
- ☐ They are playing football.（彼らはサッカーをしている）
- ☐ A man is wearing sunglasses.（男性はサングラスをかけている）

Part 1

Part 2 「応答問題」まるわかり！

問題の形式

聞こえてくる質問に対する応答として最も適切なものを、読み上げられる3つの選択肢の中から選びます。問題ごとに印刷された選択肢はないので、問題用紙を見ても視覚的なヒントは全くありません。**25問あります。**

問題の傾向

Part 2のみ、**選択肢は3つ**。視覚的情報を使わずに、リスニング力のみを試されるパートで、**設問・選択肢の意味や、会話の状況を瞬時につかむことが重要**です。

単語レベルで聞いて、なんとなく似ている単語に反応するのではなく、会話全体で意味が通っているかを判断しましょう。**「設問の最初の語」「動詞の時制」「主語は誰か」**に注意して聞きます。

設問の種類は疑問詞で始まるものが多いですが、平叙文のものでも話し手の状況を想像しながら解答しましょう。

設問の種類 ▶ その対策

疑問詞で始まる疑問文
▶ 文頭の疑問詞を覚えておきます。

一般疑問文
▶ 会話がナチュラルに流れている選択肢を探しましょう。

提案や依頼を求める
▶ 提案・依頼の内容に対して、応じても断っても、質問で返しても、会話が流れていれば正解。

否定疑問文・付加疑問文
▶ 否定疑問文は「～でないの？」、付加疑問文は「～ですよね？」と頭の中ですぐにイメージしましょう。

選択疑問文
▶ AかBどちらか1つを選ぶのは正解。しかし「どちらでもいいよ」「どちらも違います」も正解になります。

平叙文
▶ 辻褄が合っている応答を選ぶ。会話が流れているかどうかが選択基準になります。

解き方の手順 次の3つのステップで解答しよう。

1 設問の疑問詞を聞く

▼

2 選択肢を聞きながら、設問の疑問詞に答えているかをチェック

▼

3 どんな質問でも平叙文でも、会話が流れているかをチェック

注意ポイント

　設問が疑問詞で始まったら、選択肢 (A)(B)(C) を全て聞き終わるまで設問を頭の中でリピートしておきます。**「When?」だったら、「いつ、いつ、いつ？」**のように頭の中で繰り返し、「時間」について答えているものや、会話の流れがナチュラルなものを選びましょう。

Part 2

解法 5 疑問詞で始まる疑問文は文頭の「疑問詞」を覚える！

CD>09

1. Who should I submit the financial report to?

   Who「だれ？」「だれ？」「だれ？」と、頭の中で繰り返そう。

   ▼

   ### 疑問詞「だれ」に答えている応答が正解

   (A) One thousand dollars.

   > 設問に financial とあるからといって、金額を含む (A) を正解に選ばないよう注意。

   (B) To the new accountant.

   > 「誰？」に対して「新しい会計士にです」と答えているので正解！

   (C) Please send your report as soon as possible.

   > 設問と report の語が一致するのみで不正解。

---

1. 正解：(B) ★

財務報告を誰に提出するべきですか。
(A) 1千ドルです。
(B) 新しい会計士にです。
(C) 報告書をできるだけ早く送ってください。

☐ financial report　財務報告

第2章 パート別まるごと対策

> **文頭の疑問詞を絶対に覚えておく！**
>
> 疑問詞で始まる疑問文は Part 2 の設問の約半数を占めます。
> 文頭の What/When/Where/How/Why に集中し、その疑問詞を頭の中で繰り返しながら、選択肢 (A) (B) (C) を聞きましょう。

CD▶10

2. **When is the next board meeting scheduled for?**
   When「いつ？」「いつ？」「いつ？」と、頭の中で繰り返そう。

▼

「Yes」「No」で始まる選択肢はほぼ間違い

(A) It's on the third floor.

> 時を聞かれているのに、「3階です！」と場所を答えているので不正解。

(B) No, I'm not bored.

> 「いつ？」に対して日時を答えていなくて、bored の音が設問の board と似ていることで誤答を誘っている。

(C) Next Friday at 4:00 P.M.

> 「金曜日の午後4時です」と日時を答えているので正解。

---

2. 正解：(C) ★

次の重役会の会議はいつ予定されていますか。
(A) それは3階にあります。
(B) いいえ、私は飽きていません。
(C) 次の金曜日の午後4時です。

□ board 图 重役会

Part 2

解法6 一般疑問文は、会話の自然な流れを重視。Yes/No の応答は間違いが多い。

3. Charlie, do you have a second?

「時間はある？」 → Yes, I do のような選択肢はほとんどない。
実際の正解は → 「時間あるよ。どうしたの？」

質問返しは正解！

(A) Yes, what's the matter?

> 「時間はありますか」に対して、時間があるかないか直接答えているのではなく、「どうしたのですか」と聞き返すことで、会話が流れているので正解。

(B) Oh, I'm already full.

> do you have a second? を「おかわりはいかがですか」の意味に勘違いすると、「おなかがいっぱいです」と、誤答する可能性が出てくる。

(C) No, I have only one bag.

> 設問の second を「2番目」のような数字としてとってしまうと、one に惑わされてしまうので注意。

---

3. 正解：(A) ★★

チャーリー、少し時間はありますか。
(A) はい、どうしたのですか。
(B) おお、私はもうおなかがいっぱいです。
(C) いいえ、かばんを1つしか持っていません。

□ second 名 秒　　　　　□ full 形 いっぱいの

> **会話の流れに注目！**
>
> 　質問に対して質問で返すのも会話の進め方としてナチュラルなので、正解になることがあります。

CD▶12

4. Were you able to switch suppliers?

「供給業者を変更することはできましたか」

→ **Yes, I was のような選択肢はほとんどない。**
　実際の正解は →「すみません、できませんでした」

⬇

「Yes」「No」で始まる応答に注意！

(A) She's talking with the production line.

> 「供給業者を変更できましたか」に対して、She の指す人物が不明なので不可。

(B) Sorry, I couldn't.

> シンプルに「できませんでした」と答えているので正解です。

(C) No, turn off the switch, please.

> 質問の switch（動詞）を「スイッチ」の意味の名詞で使っていることで誤答を誘っています。

---

4. 正解：(B) ★

供給業者を変更することはできましたか。
(A) 彼女は製造ラインと話しています。
(B) すみません、できませんでした。
(C) いいえ、スイッチを切ってください。

☐ supplier 名 供給業者　　　　　　　☐ production line　製造ライン
☐ turn off　～を遮断する；～をオフにする

55

Part 2

解法 7　提案・依頼の文、依頼する文、許可を求める文はさまざまな応じ方ができる。

CD 13

5. May I ask who's calling?
　「どちら様ですか」
　→「誰が電話をかけてきているか聞いてもいいですか」と「許可」を求めています。

許可を求めているのに応じたら正解！

(A) Hold on a minute.

> 「どちら様ですか」と電話で問う決まった表現に対して、名前を聞かれた人が「少々お待ちください」と答えるのは不適当です。

(B) Can I speak to Mr. Roman, please?

> 通常は「ローマン氏とお話できますか」の後、「どちら様ですか」と聞くので会話の順序が不自然です。

(C) This is Jane, Jane Ballard.

> 名前を名乗っているので正解。

---

5. 正解：(C) ★★

（電話で）どちら様ですか。
(A) 少々お待ちください。
(B) ローマン氏とお話しできますか。
(C) ジェーンです、ジェーン・バラードです。

☐ call　🔳 電話をかける　　　　☐ hold on　電話を切らずに待つ

第2章　パート別まるごと対策

「もちろんです！」「いいですよ！」も正解

　提案の文、許可を求める文に対しては、「もちろん！」「いいですよ」と答えるSure.やNo problem.、That sounds (like) a good idea.も正解になることが多いです。

CD▶14

6. Can you break a 20-dollar bill?

「20ドル紙幣をくずしてもらえますか」

→「あなたは紙幣をくずすことができますか」と質問の形をとりながら「依頼」しています。

▼

「遠まわしに提案する」「拒絶する」「質問で返す」も正解。

(A) He is Andrew Jackson.
　　└─ 人物の名前を答えているので不正解です。

(B) She is all broke.
　　└─ 設問のbreakの過去形と同じbrokeという形容詞を使っていますが、「彼女は無一文です」では意味が通らないので不正解です。

(C) There is a bank across the street.
　　└─ 銀行で紙幣をくずすことを遠まわしに提案しているので正解。

---

6. 正解：(C) ★★

20ドル紙幣をくずしてもらえますか。
(A) 彼はアンドリュー・ジャクソン（20ドル紙幣の人物）です。
(B) 彼女は完全に無一文です。
(C) 道路の反対側に銀行がありますよ。

□ break　他 くずす；壊す　　　□ broke　形 無一文で；破産して

Part 2

解法 8 否定疑問文は「〜でないの？」、付加疑問文は「〜ですよね？」と瞬時にイメージ！

7. Isn't there another way to pick up the package?

「小包を受け取る他の方法はないの？」→「〜ないの？」をイメージしよう。

①「〜でないの？」のニュアンスを掴もう！

(A) We don't have any in stock.

> 「在庫」について答えているので(A)は間違いです。

(B) I'm afraid not.

> 「方法はないの？」に対して、「方法はないと思います」と答えているので正解！

(C) There is a bicycle in the street.

> 設問と同じThere is構文を使っているが、自転車について答えているので不正解。

---

7. 正解：(B) ★★

小包を受け取る他の方法はありませんか。
(A) 在庫はありません。
(B) 残念ながら方法はありません。
(C) 通りには自転車があります。

☐ pick up 〜を受け取る ☐ package 名 小包
☐ in stock 在庫があって

否定疑問文のニュアンス

Don't you ～？や Aren't you ～？などには「私はこういう解釈だけど、あなたは違うの？」というニュアンスが含まれていることが多い。

8. You don't want to work overtime tonight, do you?
「今日は残業したくないですよね？」→「～ですよね？」をイメージしよう。

残業したければ Yes、したくなければ No。

(A) No, I have a prior appointment.

> 「No,（はい）したくないです」と答えて、その理由として「先約があります」と述べているので正解。

(B) Thank you, you did a good job.

> 「仕事」に関する話をしていますが、未来のことを聞かれているのに「良い仕事をしました」と過去形で答えているので、間違いです。

(C) Can I sleep on it?

> 設問の tonight から「眠る」ことと関連づけてしまうと、sleep に惑わされて誤答する可能性があります。

---

8. 正解：(A) ★★

今晩は残業をしたくないですよね？
(A) したくありません、先約がありますから。
(B) ありがとう。良い仕事をしましたね。
(C) 一晩考えさせてください。

□ work overtime　残業する　　□ prior　形 先の
□ sleep on　～を一晩考える

Part 2

解法 9 選択疑問文は「どちらか1つを選ぶ」「どちらでもいい」「どちらもダメ」が正解!

9. Would you like a salad or a vegetable burger?

「サラダがいい？
野菜バーガーがいい？」

orでAとBを対比しています。

「どちらでもいい」は正解。

(A) Either would be fine.

「どちらでもいいです」は正解です。

(B) Neither, I'd like to try on the blue jacket.

「どちらも違います」だけなら正解ですが、この選択肢は後に「青いジャケットを試着したい」と言っているので不正解です。

(C) There's a supermarket at the corner.

設問の salad や vegetable から想像できる単語→ supermarket（スーパーマーケット）が含まれているひっかけの選択肢です。

---

9. 正解：(A) ★★

サラダがいいですか、野菜バーガーがいいですか。
(A) どちらでもいいです。
(B) どちらでもありません。私はあの青いジャケットを試着したいです。
(C) 角にスーパーマーケットがあります。

> **どちらかを選んでいる場合は正解。しかし、表現を変えている！**
>
> 　選択疑問文の応答で、どちらかを選んでいる場合はもちろん正解ですが、単純に質問の言い回しを使う応答は少なく、言い方を変えている場合がほとんどです。

第2章　パート別まるごと対策

Part 2

解法 10 「平叙文」は会話の流れに注目！「質問で返す」「追加情報」も正解になる。

10. Mr. Parker is giving a lecture this afternoon.
「パーカー氏が午後に講義をするそうだよ」
→ 平叙文の語順になっていて、音声は上がり調子ではない。

▼

会話が流れていれば正解！

(A) That's great. ← 「講義をする」という内容に対して感情を表しているので正解！

(B) I'll make it up to you this evening.
　何を埋め合わせるのかわからないので不正解。this afternoon に対して this evening と呼応しているように思わせるトラップ。

(C) No, they think it's lucrative.
　疑問文でないのに、Yes, No で答えるのは不自然。lucrative（もうかる）の発音がなんとなく設問の lecture と似ているからといってひっかからないよう注意。

＼こんなパターンも正解です！／

- 質問で返す場合：　　　In the auditorium?（講堂で、ですか）
- 追加情報を与える場合：Yes, at 3 o'clock.（そうです、3時からです）

---

10. 正解：(A) ★★

パーカー氏が午後に講義をするそうですよ。
(A) それはいいですね。
(B) 今晩、埋め合わせをします。
(C) いいえ、彼らはそれがもうかると思っています。

□ make ~ up　～を埋め合わせる　　　□ lucrative　形 もうかる

頻出問題にトライ！ CD▶19 〜 CD▶26

1. Mark your answer on your answer sheet.　Ⓐ Ⓑ Ⓒ

2. Mark your answer on your answer sheet.　Ⓐ Ⓑ Ⓒ

3. Mark your answer on your answer sheet.　Ⓐ Ⓑ Ⓒ

4. Mark your answer on your answer sheet.　Ⓐ Ⓑ Ⓒ

5. Mark your answer on your answer sheet.　　　Ⓐ Ⓑ Ⓒ

6. Mark your answer on your answer sheet.　　　Ⓐ Ⓑ Ⓒ

7. Mark your answer on your answer sheet.　　　Ⓐ Ⓑ Ⓒ

8. Mark your answer on your answer sheet.　　　Ⓐ Ⓑ Ⓒ

正解・解説 難易度 ★〜★★★

1. 正解：(B) 疑問詞疑問文 ★★　　CD▶19 🇺🇸 🇨🇦

聞き取りPoint! 疑問詞 How 〜 で始まる疑問文。

解説　「どのように？」と聞いているのに対して、No で答えている (A) は不正解。**(B) は「駅で警官に聞きました」と、ホテルへの道を知った方法について答えているので正解**。(C) の「急いだ方がよさそうです」では、会話が流れず不正解。

スクリプト
How did you find your way to the hotel?
(A) No, I used a taxi.
(B) I asked a police officer at the station.
(C) Yes, we'd better hurry.

スクリプトの訳
どのようにしてホテルまでの道がわかったのですか。
(A) いいえ、タクシーを使いました。
(B) 駅で警官に聞きました。
(C) はい、急いだ方がよさそうです。

☐ police officer　警官

2. 正解：(A) 付加疑問文 ★★　　CD▶20 🇬🇧 🇦🇺

聞き取りPoint! 付加疑問文に答える問題。

解説　「あなたはハサミを持っていないですよね」のような付加疑問文に対しては、持っていたら Yes、持っていなかったら No で答える。ここでは**「持っていません」と答えている (A) が正解**。(B) は、設問の happen の過去形 happened を用いたひっかけ。(C) は、設問の scissors（はさみ）から連想できる cut the branch（枝を切る）という表現を使っているが、枝を切るかどうかを聞かれているのではなく不正解。

スクリプト
You don't happen to have scissors, do you?
(A) No, I don't.
(B) What happened to your son?
(C) I won't cut the branch.

スクリプトの訳
ひょっとしてハサミを持っていないですよね。
(A) いいえ、持っていません。
(B) 息子さんに何があったのですか。
(C) 私は枝を切りません。

☐ happen to　たまたま〜する　　☐ branch　图 木の枝

第2章　パート別まるごと対策

3. 正解：(C)　否定疑問文　★★　CD▶21

聞き取りPoint! Don't you ~ で始まる否定疑問文。

解説「仕事が嫌になることはないの？」と聞いているのに対して、(A) は設問の ever と音の似ている remember を使っているが、he が誰を指すかわからず不正解。(B) も「あの会社」がどの会社を指すのか不明。**「そうですね。でも他に選べませんから」と答えている (C) が正解となる。**

スクリプト　Don't you ever get tired of working?
(A) I remember him when he was young.
(B) That company went out of business.
(C) Sure, but there's no other choice.

スクリプトの訳　仕事が嫌になることはありませんか。
(A) 私は彼が若かった頃を覚えています。
(B) あの会社は倒産しました。
(C) もちろん、しかし他にどうすることもできません。

□ tired of　~に疲れて　　　　□ go out of business　倒産する；廃業する

---

4. 正解：(A)　平叙文　★★★　CD▶22

聞き取りPoint! 平叙文に答える問題。

解説　設問が疑問文の形をしていなくても、会話の流れを意識して正解を選ぼう。「トレイシーは締め切りに間に合いそうにないです」という発言に対して、**「(それならば) 助けたらいかがですか」と解決策を示している (A) が正解**。(B) は設問中の miss を使って誤答を誘っている。(C) は「まだ公表されていません」と言っており、レポートの締め切りについての応答として不適当。

スクリプト　It looks like Tracy is going to miss the deadline for the report.
(A) Why don't you help her by typing the draft?
(B) I miss you very much, too.
(C) It hasn't been released yet.

スクリプトの訳　トレイシーはレポートの締め切りに間に合いそうにないです。
(A) 下書きをタイプすることで彼女を助けたらいかがですか。
(B) 私もあなたに会えなくてとても寂しいです。
(C) それはまだ公表されていません。

□ draft　名 下書き　　　　□ miss　他 間に合わない；~がいなくて寂しい

65

5.　正解：(A)　許可を求める文　★★　　CD▶23

聞き取りPoint!　May I ～ で始まる許可を求める文。

解説　「確認のために見せていただけますか」に対して、**(A) は「学生証しか持っていません」と答えることによって、運転免許証やパスポートは見せることができないと言っているので正解**。(B) は「ロンドンに」と言っているが、質問のpassport から「旅行」を想像させて惑わせる誤答の選択肢。(C) は、何が天候によるのかがわからず不正解。

スクリプト　May I see your driver's license or a passport for identification?
(A) **I only have my student card.**
(B) To London.
(C) That depends on the weather.

スクリプトの訳　ご本人の確認のため、運転免許証かパスポートを見せていただけますか。
(A) **学生証しか持っていません。**
(B) ロンドンに（行きます）。
(C) それは天候によります。

□ driver's license　運転免許証　　□ identification　身分確認；身分証明書

6.　正解：(C)　疑問詞疑問文　★　　CD▶24

聞き取りPoint!　疑問詞 How ～ で始まる疑問文。

解説　「ボニーラ氏との夕食はどうだったか」を聞いている。(A) は「ぜひ行きたいです」と未来のことを答えているので不正解。(B) も「予約」について答えているので間違い。**「良かったです」と答えた後にボニーラ氏についての人物評を述べている (C) が正解となる**。

スクリプト　How was dinner with Mr. Bonilla?
(A) I would like to, but I'm busy.
(B) No, I don't have any appointment.
(C) **Good, I think he is intelligent.**

スクリプトの訳　ボニーラ氏との夕食はいかがでしたか。
(A) ぜひ行きたいのですが、忙しいのです。
(B) いいえ、何も予約はありません。
(C) **良かったです。彼は知性がある人だと思います。**

7. 正解：(B) 疑問詞疑問文 ★ 　　CD▶25

聞き取りPoint! 疑問詞 When ～ で始まる疑問文。

解説 「申込書の締め切り日」について聞いている。(A) は会話がかみ合わず、不正解。**(B) は日付を言うことによって締め切りを伝えているので正解。**(C) は、設問の application と音の似ている appliance を使ったトラップなのでひっかからないよう注意しよう。

スクリプト　　When is the application form due?
　　　　　　　(A) Why not tell her to buy that plate?
　　　　　　　(B) By the end of September.
　　　　　　　(C) I'll go to that electrical appliance shop.

スクリプトの訳　申込書の締め切り日はいつですか。
　　　　　　　(A) あの皿を買うように彼女に言ってはいかがですか。
　　　　　　　(B) 9月の終わりまでです。
　　　　　　　(C) 私はあの電化製品の店に行きます。

☐ application form　申込書　　　　　☐ plate　名 皿
☐ due　形 締め切りの　　　　　　　☐ electrical appliance　電化製品

8. 正解：(B) 選択疑問文 ★ 　　CD▶26

聞き取りPoint! or で選択を求める選択疑問文。

解説 「歩くか、電車に乗るか」を聞いている。(A) は、選択疑問文の設問に対して Yes/No で始まる選択肢は不正解。**(B) は「地下鉄に乗ります」と言って、後者を選択しているので正解。**(C) は、設問の train と音の似ている trainer (トレーナー) が含まれているひっかけの選択肢である。

スクリプト　　Do you plan to walk or take the train?
　　　　　　　(A) Yes, the plan is perfect.
　　　　　　　(B) I'll take the subway.
　　　　　　　(C) They'll hire a new trainer.

スクリプトの訳　歩きますか、それとも電車に乗りますか。
　　　　　　　(A) はい、その計画は完ぺきです。
　　　　　　　(B) 地下鉄を使います。
　　　　　　　(C) 彼らは新しいトレーナーを雇います。

頻出ポイントCheck!

[疑問詞で始まる疑問文]

　Part 2の設問の多くは疑問詞で始まります。よく出る疑問詞の表現を覚えておくと、質問にすばやく反応できるようになります。また、疑問文の形をとる提案・依頼の文、許可を求める文にも慣れておきましょう。

● 疑問詞で始まる疑問文

〈What〉
- ☐ What do you do for a living?（職業は何ですか）
- ☐ What's the problem?（問題は何ですか）
- ☐ What time do you want me to call?（何時に電話して欲しいですか）
- ☐ What do you think about that?（それについてどう思いますか）

〈When〉
- ☐ When are you going to take the bus?
  （あなたはいつバスに乗る予定ですか）

〈Where〉
- ☐ Where is the best place to study?（勉強するのに一番の場所はどこですか）

〈Who〉
- ☐ Who is responsible for the project?（誰がその企画に責任がありますか）

〈Why〉
- ☐ Why was your train delayed?（電車はなぜ遅れたのですか）

〈Which〉
- ☐ Which is your favorite type?（どちらがあなたの好みのタイプですか）
- ☐ Which bus will stop at the library?（どちらのバスが図書館で停まりますか）

〈How〉
- ☐ How much does it cost to send this envelope?
  （この封筒を送るのにいくらかかりますか）
- ☐ How many times a week do you exercise?
  （週に何回運動をするのですか）

- ☐ **How long** has the photocopier been out of service?
  （コピー機はどれくらい使えない状態ですか）
- ☐ **How often** do you see your grandmother?
  （どれくらいの頻度でおばあさんに会いますか）

● 提案・依頼の疑問文、許可を求める疑問文

〈Could you 〜 ? / Can you 〜 ?〉
- ☐ **Could you** please open the door?（ドアを開けてもらえますか）
- ☐ **Can you** help me move this desk over to my office?
  （この机をオフィスに移動するのを手伝ってもらえますか）

〈May I 〜 ?〉
- ☐ **May I** place an order?（注文してもいいですか）
- ☐ **May I** ask who's calling?（どちら様ですか）

〈Why don't you 〜 ? / Why don't we 〜 ?〉
- ☐ **Why don't you** take a break now?（今すぐに休憩をとってはいかがですか）
- ☐ **Why don't we** talk about your project?
  （あなたの企画について話すのはいかがですか）

〈Will you 〜 ? / Would you 〜 ?〉
- ☐ **Will you** lend me 30 dollars?（30ドル貸してもらえますか）
- ☐ **Would you** please type this report by tomorrow?
  （明日までにこのレポートをタイプしてもらえますか）

〈Do you mind if 〜 ?〉
- ☐ **Do you mind if** I borrow your pen again?
  （あなたのペンをもう一度借りてもいいですか）
- ☐ **Do you mind if** I speak to my boss about your problem?
  （あなたの問題について上司と話してもいいですか）

Part 3 「会話問題」まるわかり！

問題の形式

2人または3人による会話を聞いて、3つの設問に対する4つの選択肢を読んで解答します。**全部で会話文は13セット、設問は39問あります。**

問題の傾向

Part 3 は Part 2 同様に、**話し手の状況を想像することが必須です。**男性、女性それぞれの置かれている立場を把握しながら話の流れを意識しましょう。

設問にはいくつかの種類があります。設問を先に読んで、会話文に関するヒントをつかみましょう。

1問目に多い設問 ▶ 会話が行われている場所を問うパターン
話し手の発言の内容を問うパターン

2問目に多い設問 ▶ 細かい内容について問うパターン
「何曜日ですか」「何時ですか」など

3問目に多い設問 ▶ 会話の後に起こること
会話の最新情報

要注意

表現の意図を問う設問 ▶ 会話の中の表現の意図を問う。
文脈中にヒントがある。
☞「3人の会話」Q6 参照（p.76）

図表を見て答える設問 ▶ 図表を見て、音声を聞く。
音声中に追加情報がある。
☞「図表のある会話」Q9 参照（p.80）

第2章　パート別まるごと対策

解き方の手順　次の3つのステップで解答しよう。

1 設問は必ず先に読んでおく

▼

2 設問から「誰が何をしたか、何をするか」を予測しよう

▼

3 会話文に集中し、正解の箇所を聞き取ろう

解き方のコツ

　Part 2 が終わって、ほっと一息ついてはいけません。
　Part 3 に入ってから、すぐに約30秒のディレクションが流れます。このディレクションは毎回同じなので試験中に聞く必要はありません。**このディレクションの時間を効率よく使って、最初のセットの No. 32, 33, 34 の設問と選択肢に目を通しておきましょう。**
　会話の音声が流れ始めたら、答えがわかった順にマークシートに軽くしるしをつけていきましょう。後から、しっかりマークします。
　設問も音声が流れますが、問題冊子にも印刷されているので、この音声は聞く必要はありません。最初のセットを早めにマークして、余った時間で次のセットの No. 35, 36, 37 の設問・選択肢に目を通します。あとは、これの繰り返しです。
　設問先読みは、**解答時間の節約**のためだけにするのではありません。音声だけで会話文を理解するよりもその前に設問を読んでおくことによって**会話文に関するヒント**をつかむことができます。

Part 3

Part 3　2人の会話　CD▶27

解法 11　設問・選択肢を先に読んで、聞き取る内容を決めよう。

▶ 1問目は「会話全体」、2問目は「詳細」、3問目は「次の行動」「最新情報」を問うことが多い。

1. Where does the man work?
   　どこ？　　　　男性は働いている

   (A) At a library
   (B) At an electronics firm
   (C) At a convention center
   (D) At a recruiting agency

   会話に出てくる男性はおそらく今仕事をしているだろうと推測できます。

2. Why does the woman ask about the Web site?
   　なぜ？　　　　女性がウェブサイトについて聞く

   (A) She may have to post feedback online.
   (B) She wants to see if a service is free.
   (C) She wants to see a list of product features.
   (D) She may use it to register for a program.

   女性はウェブサイトについて質問していることがわかります。

3. What does the man say the woman may receive?
   　何？　　　　女性が受け取る

   (A) A student number
   (B) An e-mail
   (C) An eligibility test
   (D) A new instructor's name

   女性が受け取る内容について男性が話すことがわかります。

聞き取る内容を覚えて、実際に聞いてみよう！

Questions 1 through 3 refer to the following conversation.

(Woman) Hi, my name is Lucia Machado, and I'm calling about your computer classes. Are those really free?

> **Q1** の答えはここを聞くとわかります。
> 「毎月曜午後7時半から9時半まで図書館の講堂で行っています」

(Man) Yes, and we hold them every Monday night, from 7:30 P.M. to 9:30 P.M in our main library auditorium. The course covers quite a few basic software skills. You have to register to attend, though, and it's limited to the first 100 people who do so.

> **Q2** の答えがわかります。
> 「登録する必要がありますよ」
> ＋「ウェブサイトから登録できますか」

(Woman) I see. Could I do that from your Web site?

> **Q3**：「女性は確認のメールを受け取る」と男性が言っています。

(Man) Certainly. After you do that, you'll receive a confirmation e-mail and be placed on the list of students. The instructor uses that list to confirm that everyone who shows up is, in fact, eligible to be there.

正解・解説

1. 正解：(A)　会話の場所　★

先読みPoint!　Where → 「男性がどこで働いているか」を聞き取ろう。

解説　男性は最初の発言で、Yes, and we hold them every Monday night, from 7:30 P.M. to 9:30 P.M in our main library auditorium. と、「自分たちの図書館でコンピュータのクラスが開催される」ことを述べている。**男性は図書館で働いていることがわかるので、正解は (A) At a library である。**

設問・選択肢訳

男性はどこで働いていますか。
- (A) 図書館
- (B) 電子機器会社
- (C) 会議場
- (D) 就職斡旋機関

2. 正解：(D)　詳細情報　★★

先読みPoint!　Why → 「なぜウェブサイトをたずねるか」を聞き取ろう。

解説　Web site（ウェブサイト）については、女性が2回目の発言で Could I do that from your Web site? と言っている。その前の男性の発言が聞き取れていれば、**You have to register to attend** から、「あらかじめ登録する方法」について話していることがわかっているので、女性はウェブサイトから登録できるかどうか確認していると理解できる。したがって、(D) She may use it to register for a program. が正解となる。

設問・選択肢訳

女性はなぜウェブサイトについてたずねているのですか。
- (A) 彼女はインターネットで意見を送らなければならないかもしれないから。
- (B) 彼女はサービスが無料かどうかを確認したいから。
- (C) 彼女は製品機能のリストを見たいから。
- (D) 彼女はプログラムのための登録でそれを使うかもしれないから。

3. 正解：(B)　次の行動　★★

先読みPoint!　What → 「女性が何を受け取るか」を聞き取ろう。

解説　設問を先読みすることによって、あらかじめ「女性が何かを受け取る」ことがわかっている。男性の2回目の発言に After you do that, you'll receive ～と出てくる。**この後に集中すると、続く a confirmation e-mail から「Eメールを受け取る」とわかる。したがって正解は (B) An e-mail である。**

第2章　パート別まるごと対策

> 設問・選択肢訳

男性は女性が何を受け取るだろうと言っていますか。

(A) 学生番号
(B) Eメール
(C) 適性検査
(D) 新しいインストラクターの名前

> スクリプトの訳

設問1～3は次の会話に関するものです。

(女性) こんにちは。私の名前はルシア・マチャドです。そちらのコンピュータのクラスについてお電話しています。それは本当に無料なのですか。
(男性) ❶はい、我々はそのクラスを私たちの図書館のメインホールで、毎週月曜日の午後7時半から9時半まで行います。コースは、かなり多数のソフトウェアの基本技能を扱っています。しかし、❷出席するためには登録が必要です。それから、参加者は先着100名限定です。
(女性) わかりました。❷登録はそちらのウェブサイトからできますか。
(男性) もちろんです。❸登録を済ませた後、確認のEメールを受け取り、受講生リストに加えられます。インストラクターは、出席者が実際にそこにいる資格があることを確認するのにそのリストを使います。

● 設問・選択肢
- convention center　会議場
- feedback　名 意見；反応
- register for　～に登録する
- recruiting agency　就職斡旋機関
- feature　名 機能；特徴
- eligibility　名 資格；適性

● スクリプト
- auditorium　名 講堂；ホール；公会堂
- confirmation　名 確認
- quite a few　かなり多数の～
- eligible　形 資格がある

Part 3 3人の会話

解法 12 登場人物の数を知るために、必ず設問に目を通そう。

▶この会話は設問を見るだけで、「女性1人と、男性複数の会話」だということがわかる。

4. What is the conversation mainly about?
   何？　会話の内容は

   会話の内容について聞かれています。

   (A) Replacing some equipment
   (B) Changing business operations
   (C) Hiring new employees
   (D) Developing new products

5. What do the men imply about the proposal?
   男性たち　何をほのめかしている？

   man と書いてあれば男性は1人、men と書いてあれば男性は2人だということが会話を聞く前にわかります。

   (A) It would affect productivity.
   (B) It would increase quality levels.
   (C) It would attract new customers.
   (D) It would promote a big brand.

解法 13 「表現の意図」は、前後の文脈から類推しよう。

6. What does the woman mean when she says "I see your point"?
   何を意味している？　女性

   woman とあれば女性は1人、women ならば女性は2人です。

   (A) She acknowledges a mistake.
   (B) She accepts an apology.
   (C) She understands a question.
   (D) She comprehends an analysis.

第2章　パート別まるごと対策

Questions 4 through 6 refer to the following conversation.

(Man A) Ms. Kim, I hope that you've read our proposal about outsourcing most of our production. If we did that, we could focus entirely on design.

> Q4の答えはここを聞くとわかります。
> 「外部委託することについての提案を読んでいただいたと思います」と言っています。

(Woman) Yes, but I'm quite concerned about that kind of big, sudden and complex change.

> Q4の答えはここにもあります。

(Man B) It would certainly be a challenge, but the output per worker would be much greater.
(Woman) You did mention that in the report.

> Q5の答えは男性Bと男性Aの両方の発言からわかります。
> 男性B:「生産高が増える」　男性A:「16.2パーセントも増える!」

(Man A) We estimate that the output per worker would rise at least by 16.2 percent. That would be a big benefit to the company.

> Q6のヒントは、直前の男性Aの発言内容にあります。

(Woman) I see your point. I'll look over the report once more, and consider it. Even if I agree, though, it would have to go to the board for approval.
(Man B) I'm sure that they would agree to it, once they see the data. If necessary, I'd be willing to make a presentation in front of them myself.
(Woman) I appreciate your enthusiasm, but let's take this one step at a time.

77

正解・解説

4. 正解：(B)　会話のテーマ　★★

先読みPoint! What →「何についての会話なのか」を聞き取ろう。

解説　男性Aは最初の発言で、女性に話しかけて、Ms. Kim, I hope that you've read our proposal about outsourcing most of our production と、「商品を外部委託する提案について確認している」。それに対して女性が心配な様子を示し、また男性BもIt would certainly be a challenge, but the output per worker would be much greater. と、「提案がチャレンジである」と言っている。**「業務運営の変更」**とする (B) Changing business operations が正解である。

設問・選択肢訳
これは主に何についての会話ですか。
(A) 器材の交換
(B) 業務運営の変更
(C) 新しい従業員の雇用
(D) 新製品の開発

5. 正解：(A)　詳細情報　★★

先読みPoint! What →「提案について何をほのめかしているか」を聞き取ろう。

解説　男性Bは最初の発言で、It would certainly be a challenge, but the output per worker would be much greater. と、**「提案によって1人あたりの生産高が増える」**と言っている。男性Aも2度目の発言でWe estimate that the output per worker would rise at least by 16.2 percent と具体的な数値を示して**「生産高が上がる」**と言っているので、正解は (A) It would affect productivity. である。

設問・選択肢訳
男性たちは、提案について何をほのめかしていますか。
(A) それは生産性に影響する。
(B) それは品質のレベルを上げる。
(C) それは新しい顧客をひきつける。
(D) それは大きなブランドを作り出す。

6. 正解：(D)　表現の意図　★★★

先読みPoint! What →「I see your point. が何を意味しているか」を聞き取ろう。

解説　女性のI see your point. という発言の直前に、男性AはThat would be a big benefit to the company. と、「提案は会社に利益をもたらす」と分析していた。女性はI see your point によって、それについての「理解を示している」

ので、**正解は (D) She comprehends an analysis.（彼女はその分析を理解する）である。**

> 設問・選択肢訳

女性が「I see your point.」と言うとき、彼女は何を意味していますか。
(A) 彼女は間違いを認める。
(B) 彼女は謝罪を受け入れる。
(C) 彼女は質問を理解する。
(D) 彼女は分析を理解する。

> スクリプトの訳

設問4～6は次の会話に関するものです。

(男性A) ❹キムさん、当社の生産の大半を外部委託するという提案を読んでいただけたと思います。もしそうすれば、我々は設計にもっぱら集中できます。
(女性) そうですね。しかし、そんな大規模かつ突然で、複雑な変更についてはかなり心配しています。
(男性B) ❹❺確かに挑戦ですが、労働者1人あたりの生産高は増えるでしょう。
(女性) 提案の中でそれについて言及していましたね。
(男性A) ❺我々の見積もりでは、労働者1人あたりの生産高は少なくとも16.2パーセントは上がります。❻それは会社にとって大きな利益となります。
(女性) その点はわかります。もう一度報告書に目を通して、検討してみます。しかし、たとえ私が同意しても、取締役会の承認が必要になります。
(男性B) データを見れば、彼らに同意してもらえると確信しています。必要であれば、私が自ら彼らの前でプレゼンテーションをするつもりです。
(女性) あなた方の熱意は評価しますが、一度に一歩ずつ進むことにしましょう。

● 設問・選択肢
□ replace 他 交換する
□ productivity 名 生産性
□ comprehend 他 理解する
□ equipment 名 設備；器材；機器
□ acknowledge 他 認める

● スクリプト
□ outsource 他 外注する；外部委託する
□ output 名 生産高
□ enthusiasm 名 熱意
□ entirely 副 もっぱら
□ appreciate 他 評価する；感謝する
□ at a time 一度に

Part 3 図表を含む会話

解法 14 まず図表を見てテーマをつかむ。
次に音声の「追加情報」を聞き取ろう。

Aisle 3	Meats
Aisle 4	Fish
Aisle 5	Fruits and vegetables
Aisle 6	Sauces and spices

7. What does the man ask the woman about?
   何？　男性が女性に聞く　←　男性は女性に何かを聞いていることがわかる。

   (A) If foods have high-quality
   (B) When a product demonstration will be held
   (C) Whether brand prices have been lowered
   (D) Why a sale has ended so early

8. What does the woman offer to do for the man?
   何？　女性が男性に申し出る　←　女性は男性に何かを申し出ている。

   (A) Show a location
   (B) Compare different items
   (C) Discount a membership
   (D) Recommend home products

9. Look at the graphic. Where will the man go first?
   どこ？　男性が最初に行く　←　通路とそこに置いてある商品についてはわかるが、「男性がどこに最初に行くか」はわからない。

   (A) To Aisle 3
   (B) To Aisle 4
   (C) To Aisle 5
   (D) To Aisle 6

Questions 7 through 9 refer to the following conversation and map.

(Man) Hi, I'm wondering if your sale on fruits and vegetables is still being held.

> **Q7**：男性は「果物と野菜はまだ安い？」と聞いています。

(Woman) It is: we've reduced the price of many of those items by up to 15 percent for the next three days. Meats and fish are also discounted.

(Man) Can I get the same low prices on spices and sauces?

> **Q9** に関する「スパイスとソース」について聞いています。

(Woman) Absolutely.

> **Q9**：「スパイスとソースの通路に最初に行く」と言っています。

(Man) I'm almost out of those at home, so I'd better go to their aisle first.

(Woman) I'd be happy to take you there myself, if you can't find it on the map.

> **Q8**：女性は「そこにあなたをお連れします」と言っています。

正解・解説

7. 正解：(C)　会話のテーマ　★

先読み Point!　What → 「男性が何をたずねているか」を聞き取ろう。

解説　男性は最初の発言で、Hi, I'm wondering if your sale on fruits and vegetables is still being held. と、「まだ特売をしているかどうか」聞いている。**これを「商品の価格が下げられているかどうか」と言い換えて表現している (C) Whether brand prices have been lowered が正解である。**

設問・選択肢訳

男性は女性に何についてたずねていますか。

(A) 食品が高品質かどうか
(B) 製品の実演がいつ行われるか
(C) 商品の価格が下げられているかどうか
(D) なぜ特売がそんなに早く終わったのか

8. 正解：(A)　詳細情報　★★

先読み Point!　What → 「女性が何をすると申し出ているか」を聞き取ろう。

解説　女性は最後の発言で、I'd be happy to take you there myself と、「男性をその売り場まで連れて行く」ことを申し出ている。したがって**正解は、(A) Show a location（場所を案内する）である。**

設問・選択肢訳

女性は男性のために何をすると申し出ていますか。

(A) 場所を案内する
(B) 異なる商品を比較する
(C) 会員の割引をする
(D) 国産品を勧める

9. 正解：(D)　図表関連　★★★

先読み Point!　Where → 図表を見て、「どこに最初に行くか」を聞き取ろう。

解説　男性は2回目の発言で、Can I get the same low prices on spices and sauces? と、「スパイスとソースの特売」について聞き、3回目の発言で I'm almost out of those at home, so I'd better go to their aisle first. と、「その売り場に最初に行くこと」を話している。**図表から、「スパイスとソースは6番通路にある」ことがわかるので、正解は (D) To Aisle 6 である。**

設問・選択肢訳

図表を見てください。男性は最初にどこに行きますか。

(A) 通路3

(B) 通路4
(C) 通路5
(D) 通路6

> スクリプトの訳

設問7～9は次の会話と地図に関するものです。

(男性) ❼こんにちは、果物と野菜の特売をまだやっていますか。
(女性) はい、やっていますよ。それらの商品の多くを、次の3日間、最高15％まで割引します。肉と野菜も割引されています。
(男性) ❾調味料とソースも、同じ特売価格で買えますか。
(女性) もちろんです。
(男性) ❾家でそれらのものが切れかけているので、まずその売り場に行った方がいいですね。
(女性) もしあなたが地図で見つけられなければ、❽私が喜んでそちらにお連れいたします。

通路3	肉
通路4	魚
通路5	果物と野菜
通路6	ソースと調味料

● **図表・設問・選択肢**
□ aisle 名 通路 □ demonstration 名 実演
□ home product 国産品
● **スクリプト**
□ wonder 他 ～ではないかと思う □ absolutely 副 もちろん

頻出問題にトライ！ CD>30 ~ CD>32

1. Why did the man come to the business?
   (A) To sell products
   (B) To ask about jobs
   (C) To pick up a shipment
   (D) To make a purchase   Ⓐ Ⓑ Ⓒ Ⓓ

2. Where most likely does the conversation take place?
   (A) At a newsstand
   (B) At a manufacturer
   (C) At a clothing outlet
   (D) At a hardware shop   Ⓐ Ⓑ Ⓒ Ⓓ

3. What does the woman tell the man to do?
   (A) Complete a form
   (B) Wipe down a counter
   (C) Package some tools
   (D) Sign out at the desk   Ⓐ Ⓑ Ⓒ Ⓓ

4. Where most likely is the conversation taking place?
   (A) At a career fair
   (B) At a training seminar
   (C) At a research laboratory
   (D) At a new employee orientation   Ⓐ Ⓑ Ⓒ Ⓓ

5. What does the woman want to do?
   (A) Apply for a promotion
   (B) Change her major
   (C) Assist new interns
   (D) Get some experience   Ⓐ Ⓑ Ⓒ Ⓓ

6. What does the man give the woman?
   (A) Some brochures
   (B) Some business cards
   (C) A school recommendation
   (D) A graduation certificate   Ⓐ Ⓑ Ⓒ Ⓓ

7. What is the conversation mainly about?
   (A) An investment strategy
   (B) A volunteer policy
   (C) A fundraising campaign
   (D) An asset market

8. What do the women imply about the operations?
   (A) They have relied more on telephones.
   (B) They have reduced business costs.
   (C) They have reached a record.
   (D) They have required fewer donations.

9. What does the man mean when he says "what's behind all this"?
   (A) A location is unclear.
   (B) A history is uncertain.
   (C) A prediction is incorrect.
   (D) A cause is unclarified.

正解・解説 難易度 ★〜★★★

Questions 1-3

1. 正解：(B)　会話のテーマ　★

先読み Point!　Why →「なぜ男性がこの店に来たか」を聞き取ろう。

解説　先読みにより、男性が店に来た理由について聞かれることがあらかじめわかっている。男性は最初の発言で、I saw your "help wanted" sign in the window. I was wondering if you still have anything open. と、まだ募集をしているかどうか聞いている。**店に来た理由は「仕事について聞くため」。したがって (B) To ask about jobs が正解となる。**

設問・選択肢訳　なぜ男性はこの店に来ましたか。
　　　　(A) 製品を売るため
　　　　(B) 仕事についてたずねるため
　　　　(C) 荷物を受け取るため
　　　　(D) 買い物をするため

2. 正解：(D)　会話の場所　★★

先読み Point!　Where →「どこで会話が行われているか」を聞き取ろう。

解説　女性は最初の発言で男性に、We do, both for salesclerk and stockroom positions. Do you have a background in retail or tools? と、**「小売業か工具の経験の有無」**について聞いている。また男性もそれに続き、so I'm familiar with a wide variety of screwdrivers, drills, hammers, and similar objects. と、**「工具類に詳しい」**ことをアピールしている。**よって、(D) At a hardware shop が正解。**

設問・選択肢訳　この会話はどこで行われていると思われますか。
　　　　(A) 新聞売り場
　　　　(B) メーカー
　　　　(C) 洋服の小売店
　　　　(D) 金物（工具）店

3. 正解：(A)　次の行動　★★

先読み Point!　What →「男性が何をするか」を聞き取ろう。

解説　女性は2回目の発言で、In that case, please follow me to the front counter. I'll have you fill out an employment form. と、フロントカウンターまでついて来て**「雇用申込書に記入してもらいたい」**と言っている。**正解は「用紙を完成させる」の意の (A) Complete a form である。**

設問・選択肢訳　女性は男性に何をするように言っていますか。

(A) 申込書を完成させる
(B) カウンターを拭く
(C) 工具を包装する
(D) デスクで署名して出る

スクリプト

Questions 1 through 3 refer to the following conversation.

(Man) ❶I saw your "help wanted" sign in the window. I was wondering if you still have anything open.
(Woman) ❷We do, both for salesclerk and stockroom positions. Do you have a background in retail or tools?
(Man) I do a lot of repair work around my home, ❷so I'm familiar with a wide variety of screwdrivers, drills, hammers, and similar objects. Also, I used to work in Gadden Department Store.
(Woman) ❸In that case, please follow me to the front counter. I'll have you fill out an employment form.

スクリプトの訳

設問1～3は次の会話に関するものです。
(男性)❶私は窓の「募集中」の案内を見ました。こちらではまだ募集をしていますか。
(女性)❷はい、販売員と倉庫係の職を募集しています。あなたは、小売業か工具についての経験はありますか。
(男性) 私は自宅の周りで修理作業をよくするので、❷ドライバー、ドリル、ハンマーなどのいろいろな工具に精通しています。また、私はガッデン百貨店で働いていました。
(女性)❸そういうことでしたら、私についてフロントカウンターまで来てください。雇用申込書にご記入いただければと思います。

● 設問・選択肢
□ shipment　名 荷物；発送
□ manufacturer　名 メーカー；製造業者
□ hardware shop　金物屋；工具店
□ wipe down　～をきれいに拭く
□ make a purchase　買い物する
□ outlet　名 小売店
□ complete　他 完了する
□ sign out　署名して出る

● スクリプト
□ help wanted　求人；募集
□ background　名 経歴
□ be familiar with　～に精通している
□ object　名 もの；対象
□ stockroom　名 倉庫
□ retail　名 小売業
□ screwdriver　名 ドライバー
□ fill out　～に記入する

正解・解説

Questions 4-6

4. 正解：(A)　会話の場所　★★

先読みPoint! Where → 「どこで会話が行われているか」を聞き取ろう。

解説　女性は最初の発言で、I'm graduating in about three years, but I'd like to know if your company has internship programs ～ と、「インターンシップ・プログラムがあるかどうか」を聞いている。**インターンについて聞く場所として適切なものは (A) At a career fair である**。男性の最初の発言にある「会社の booth（ブース）」も参考になる。

設問・選択肢訳　この会話はどこで話されていると考えられますか。
  (A) 職業フェア
  (B) トレーニング・セミナー
  (C) 研究所
  (D) 新入社員のオリエンテーション

5. 正解：(D)　詳細情報　★★

先読みPoint! What → 「女性が何をしたいか」を聞き取ろう。

解説　女性は最初の発言で、It would give me important work experience. と言っていて、「仕事の経験を積みたい」と思っていることがわかる。したがって、(D) Get some experience が正解。

設問・選択肢訳　女性は何をしたいですか。
  (A) 昇進を志願する
  (B) 専攻科目を変更する
  (C) 新しいインターンを補助する
  (D) 経験を積む

6. 正解：(A)　次の行動　★★

先読みPoint! What → 「男性が何を与えているか」を聞き取ろう。

解説　男性は2回目の発言で、Why don't you take some of our booklets with you to look over? と、**「自社のパンフレット」を女性に勧めている**。したがって、(A) Some brochures が正解である。

設問・選択肢訳　男性は女性に何を与えますか。
  (A) 何冊かのパンフレット
  (B) 何枚かの名刺
  (C) 学校の推薦
  (D) 卒業証明書

第2章　パート別まるごと対策

スクリプト　　　　　　　　　　　　　　　　　　　　CD 31

Questions 4 through 6 refer to the following conversation.
(Man) Thanks for stopping by ❹the i-Spec Consulting Corporation booth. How can I help you?
(Woman) ❹I'm graduating in about three years, but I'd like to know if your company has internship programs I could join before that. ❺It would give me important work experience. I have a dual major in economics and statistics, so I wonder if your company takes interns from those areas.
(Man) We absolutely do. However, applicants need to be within 18 months of graduation. As a result, I'm afraid that you couldn't apply just yet. ❻Why don't you take some of our booklets with you to look over?
(Woman) OK, I'll do that. I'll learn as much as I can, and then come back as I get closer to finishing school.

スクリプトの訳

設問4〜6は次の会話に関するものです。
(男性) ❹i-Spec Consulting 社のブースへお立ち寄りいただき、ありがとうございます。どのようなご用件でしょうか。
(女性) ❹私はあと3年で卒業しますが、その前にこちらの会社に私が参加できるインターンシップ・プログラムがあるかどうか知りたいのです。❺それは私にとって大切な職務経験になるでしょう。私は経済学と統計学の2つを専攻しているので、こちらの会社がそれら分野のインターンを採用しているかどうかを知りたいのです。
(男性) 確かにそうです。しかし、志願者は卒業まで18カ月以内である必要があります。したがって、残念ながら、あなたは今はまだ応募することができません。❻どうぞ我が社のパンフレットを何冊か持って帰って読んでください。
(女性) はい、そうします。できるかぎり勉強に力を入れて、卒業にもう少し近づいたらまた来るようにします。

● 設問・選択肢
- research laboratory　研究所
- apply for　〜に応募する
- major　名 専攻
- business card　名刺
- graduation certificate　卒業証明書
- new employee　新入社員
- promotion　名 昇進
- brochure　名 パンフレット；小冊子
- recommendation　名 推薦

● スクリプト
- dual　形 二重の
- statistics　名 統計学
- applicant　名 志願者；応募者
- economics　名 経済学
- absolutely　副 確かに；絶対に
- look over　〜に目を通す；〜を調べる

正解・解説

Questions 7-9

7. 正解：(C)　会話のテーマ　★★

先読みPoint! What → 「何についての会話か」を聞き取ろう。

解説　女性Aは最初の発言で、So far, we've received much more in donations than anticipated 〜 と、**「予想より多くの寄付が集まった」**ことを述べている。2度目の発言でも**「寄付の要請を出した方法」**について We've done a lot more requests for donations online this year—including social media 〜 と言っている。**donations を fundraising（資金調達）と言い換えて表現している (C) A fundraising campaign が正解である。**

設問・選択肢訳　これは主に何についての会話ですか。
(A) 投資戦略　　　　　　　　　　(B) ボランティアの方針
(C) 資金調達のキャンペーン　　(D) 資産の市場

8. 正解：(C)　詳細情報　★★★

先読みPoint! What → 女性たちが「活動について何をほのめかしているか」を聞き取ろう。

解説　女性Aの最初の発言 So far, we've received much more in donations than anticipated—in fact, much more than I can recall we have ever received. と、女性Bの最初の発言 I can confirm that we've already exceeded the goal for this year as well as a total of all past years. により、**「すでに寄付の目標金額を超えている」**ことが聞き取れる。したがって正解は (C) They have reached a record. となる。

設問・選択肢訳　女性たちは活動について何をほのめかしていますか。
(A) 彼らはより電話に頼っている。
(B) 彼らは仕事のコストを減らしている。
(C) 彼らは記録に達している。
(D) 彼らはより少ない寄付をお願いしている。

9. 正解：(D)　表現の意図　★★★

先読みPoint! What → 「what's behind all this? が何を意味しているか」を聞き取ろう。

解説　「寄付の目標金額を超えている」という女性たちからの報告を受けて、男性は3度目の発言で、But what's behind all this? と、「その理由について知りたがっている」。したがって、**理由が明確でないという意味の (D) A cause is unclarified. が正解である。**

第2章 パート別まるごと対策

設問・選択肢訳 男性が「what's behind all this?」と言ったとき、彼は何を意味していますか。
(A) 場所が不明だ。　　　　　　　(B) 歴史が不確かだ。
(C) 予測が誤っている。　　　　　(D) 理由がはっきりしていない。

スクリプト　　　　　　　　　　　　　　　　　　　　　CD▶32

Questions 7 through 9 refer to the following conversation.
(Man) How is everything going?
(Woman A) ❼❽ So far, we've received much more in donations than anticipated—in fact, much more than I can recall we have ever received.
(Man) That's really good to hear.
(Woman B) ❽❾ I can confirm that we've already exceeded the goal for this year as well as a total of all past years.
(Man) Impressive. But what's behind all this?
(Woman A) ❼ We've done a lot more requests for donations online this year—including social media—instead of by phone.
(Man) Hmm... I see you've made the most of technology.
(Woman B) We're trying. And we've still got three more days to go in our efforts.

スクリプトの訳

設問7～9は次の会話に関するものです。
（男性） 調子はどうですか。
（女性A） ❼❽ここまでは、我々は予想よりずっと多くの寄付を受け取っています。実際、私が思い出せる中でこれまで受け取ったよりもずっと多いです。
（男性） それが聞けて本当に良かったです。
（女性B） ❽❾私が確認したところでは、すでに今年の目標を上回ったばかりでなく、過去の全ての年の合計金額も超えています。
（男性） すごいですね。しかし、これにはどんな理由があるのですか。
（女性A） ❼今年は電話の代わりにソーシャルメディアを含むインターネットで、寄付のための要請をより多く出しました。
（男性） う～ん、あなたたちはテクノロジーを最大限に活用したんですね。
（女性B） まだ継続中ですよ。そして、あと3日間努力ができますよ。

● **設問・選択肢**
☐ fundraising 名 資金調達　　　　☐ asset 名 資産
☐ donation 名 寄付　　　　　　　☐ prediction 名 予測
☐ cause 名 理由　　　　　　　　　☐ unclarify 他 明確にしない

91

頻出ポイント Check!

[Part 3 の設問パターン]

設問のパターンにはよく出題されるものがあります。慣れておけば、ぐんと問題に対処しやすくなります。

- **1問目に多い設問**

  〈会話が行われている場所を問う〉
  - Where is this conversation taking place?
    （この会話はどこで行われていますか）
  - Where do the speakers probably work?
    （話し手はおそらくどこで働いていますか）

  〈会話の設定を問う〉
  - What is the man's problem?
    （男性の問題は何ですか）
  - What is the man calling about?
    （男性は何について電話をしていますか）
  - What kind of company does the woman work for?
    （女性はどんな会社で働いていますか）
  - What is the purpose of this conversation?
    （この会話の目的は何ですか）
  - Who most likely are the speakers?
    （話し手たちは誰だと考えられますか）

- **2問目に多い設問**

  〈発言の内容を問う〉
  - What did the man do yesterday?
    （男性は昨日、何をしましたか）
  - What does the woman want to do with the item?
    （女性はその品物について何をしたいですか）
  - What does the man say about the schedule?
    （男性はスケジュールについて何と言っていますか）
  - How did the woman spend her vacation?
    （女性はどうやって休日を過ごしましたか）

〈数値情報について問う〉
- [ ] What floor does the man work on?
  （男性は何階で働いていますか）
- [ ] How many people are attending the seminar?
  （セミナーには何人参加しますか）
- [ ] When will the man arrive at the station?
  （男性はいつ駅に到着しますか）

● 3問目に多い設問
〈会話の後に起こること〉
- [ ] What will the woman do next?
  （女性は次に何をしますか）
- [ ] When will the man receive the order?
  （男性は注文の品をいつ受け取りますか）

〈会話の最新情報〉
- [ ] What does the man decide to do?
  （男性は何をすることを決めていますか）
- [ ] What do the speakers agree to do?
  （話し手たちは何をすることに賛成していますか）
- [ ] What does the woman ask the man to do?
  （女性は男性に何をするように依頼していますか）

Part 4 「説明文問題」まるわかり！

問題の形式

　1人のスピーカーによる、メッセージ、広告、アナウンスなどの「説明文」を聞き取り、3つの設問に最も適した内容を4つの選択肢の中から選びます。**全部で説明文は10セット、設問は30問あります。**

問題の傾向

　Part 4の説明文は長いように感じますが、頻出パターンを覚えておくと問題が易しく、身近なものに感じられます。
　指示文としてQuestions 71 through 73 refer to the following announcement. などの文が流れ、この最後の語句から説明文の種類がわかります。
　説明文の種類には次のようなものがあります。

talk	▶ 司会者の説明、今日の日程について、説明会のあいさつ
announcement	▶ デパートでのアナウンス、社員向けのアナウンス
speech	▶ 昇進のスピーチ、受賞のスピーチ、社長のあいさつ
telephone message	▶ 電話の録音メッセージなど

　また、**設問の中に固有名詞が出てきたら、その固有名詞の前後で集中力を高めましょう。**固有名詞についての情報が問われることが多いです。

要注意

表現の意図を問う設問 ▶ 説明文の中の表現の意図を問う。
　　　　　　　　　　　　文脈中にヒントがある。
　　　　　　　　　　　　☞Part 3と同様に解く。

第2章　パート別まるごと対策

図表を見て答える設問 ▶ 図表を見て、音声を聞く。
音声中に追加情報がある。
☞「図表のあるトーク」Q6 参照（p.100）

解き方の手順　次の3つのステップで解答しよう。

1 設問と選択肢を先に読んでおこう。

▼

2 設問から聞き取りポイントの手掛かりをつかもう。

▼

3「言い換え」は正解だが、「似た単語」「似た発音」にはひっかからないよう注意。

解き方のコツ

　設問と選択肢を先に読むことが重要なのは Part 3 と同じです。基本的には Part 3 と同じ要領で、解いていきましょう。解答では早めにマークして、空いた時間で次のセットの設問・選択肢をあらかじめ読むことも Part 3 と同じです。
　Part 4 は Part 3 に比べて、語彙の難易度が少し高くなり聞き取る分量も少し多いですが、**1 人の話し手が 1 つのテーマについてじっくり話をする**ので、登場人物が複数出てくる Part 3 よりも解きやすいと感じる人も多くいます。**集中して話の流れを掴むようにしましょう。**

Part 4 電話メッセージ

CD 33

解法 15 設問・選択肢は先に読む。テーマが何かを考えて聞こう。

▶ 1問目は「全体」、2問目は「詳細」、3問目は「次の行動」「最新情報」を問うことが多い。Part 3 と同様。

1. Where does the speaker most likely work?
   どこ？　話し手は働いている← 話し手は、今仕事をしているだろうと推測できます。
   (A) At a hotel
   (B) At a movie theater
   (C) At a car rental agency
   (D) At an airline

2. What problem does the man mention?
   何の問題？　男性が言っている← 男性が何かの問題について話をしているとわかります。
   (A) Bags have not been checked.
   (B) A deadline has passed.
   (C) A credit card is invalid.
   (D) A reminder was not sent.

3. What is Mr. Layton asked to do?
   何？　レイトン氏が頼まれている← レイトン氏は何かをするように頼まれていることがわかります。
   (A) Update his arrival day
   (B) Stay in a different room
   (C) Contact service staff
   (D) E-mail as soon as possible

第2章 パート別まるごと対策

説明文の内容が示されるので、注目しよう。

> ここを聞くだけで、説明文が始まる前に「電話のメッセージ」だとわかります。説明文の種類は他に announcement（アナウンス）、talk（トーク）、speech（スピーチ）などがあります。

Questions 1 through 3 refer to the following telephone message.

> Q1 の答えのヒントがあります。
> 「レイトンさん、ジーンと申します。フロントデスクから電話しています」

Mr. Layton, my name is Gene and I'm calling from the front desk. I'm calling to remind you that you were due to check out at 11:00 A.M., and it's now 11:45 A.M.

> Q2 の答えがわかります。
> 「11時にチェックアウトすることになっているのですが、今11時45分です」

To avoid being charged for an additional day, please come down here as soon as you possibly can to make the arrangements. If you want to extend your stay with us, you can do that here as well. You could also extend your stay simply by pressing "0" on your room phone and speaking with one of our front desk staff. We hope that we can speak with you soon.

> Q3：「できるだけ早くこちらに来てください」
> 「0を押してスタッフと話しても延泊できます」

Part 4

97

正解・解説

1. 正解：(A)　仕事の場所　★

先読みPoint! Where → 「どこで働いているか」を聞き取ろう。

解説　「話し手が働いている場所はどこか」について聞かれている。冒頭の Mr. Layton, my name is Gene and I'm calling from the front desk. で、**「フロントデスク」**にいることがわかり、2文目の check out at 11:00 A.M. で、**「チェックアウト」**に関連する仕事であることがわかる。選択肢の中から適切な場所を選ぶと **(A) At a hotel** が正解である。

設問・選択肢訳
話し手はどこで働いていると思われますか。
(A) ホテル
(B) 映画館
(C) レンタカー会社
(D) 航空会社

2. 正解：(B)　トークのテーマ　★★

先読みPoint! What → 「何の問題か」を聞き取ろう。

解説　2文目に I'm calling to remind you that you were due to check out at 11:00 A.M., and it's now 11:45 A.M. とあり、話している相手の**「チェックアウトの時間が過ぎている」**ことについて知らせている。**「時間の期限」**について deadline を使って表現した **(B) A deadline has passed.** が正解である。

設問・選択肢訳
男性はどんな問題について言及していますか。
(A) バッグが確認されていない。
(B) 期限が過ぎている。
(C) クレジットカードが無効である。
(D) 催促状が送られていない。

3. 正解：(C)　次の行動　★★

先読みPoint! What → 「何をするように言われているか」を聞き取ろう。

解説　3文目に To avoid being charged for an additional day, please come down here as soon as you possibly can to make the arrangements. と、相手に「フロントデスクに来る」ようにお願いをしている。また5文目には You could also extend your stay simply by pressing "0" on your room phone and speaking with one of our front desk staff. と、「"0"を押して電話でフロントデスクのスタッフと話をするだけでも延泊の手続きができる」と言っ

ている。**この2つを含む正解は「サービススタッフと連絡をとる」の意味の (C) Contact service staff である。**

> 設問・選択肢訳

レイトンさんは何をするように言われていますか。
(A) 彼の到着日を更新する
(B) 違う部屋に泊まる
(C) サービススタッフと連絡をとる
(D) できるだけ早くメールを送る

> スクリプトの訳

設問1～3は次の電話メッセージに関するものです。

❶レイトンさん、ジーンと申します。フロントデスクから電話しています。❷お客様が午前11時にチェックアウトすることになっていて、今は午前11時45分だということを知らせるために電話しています。❸追加の1日分の料金を支払う必要がないように、できるだけ早くこちらにいらしていただき、手続きをお願いいたします。延泊をご希望であれば、ここでその手続きができます。❸また、部屋の電話で「0」を押して、我々フロントデスクのスタッフと話すことで、簡単に延泊手続きができます。すぐにお話しできることを願っています。

● 設問・選択肢
- deadline 名 期限
- reminder 名 督促状
- invalid 形 無効な
- update 他 更新する

● スクリプト
- remind 他 思い出させる
- avoid 他 避ける
- make arrangements 手続きをする
- be due to ～することになっている
- additional 形 追加の
- extend 他 延長する

Part 4 図表のあるトーク

解法 14 まず図表を見てテーマをつかむ。次に音声の追加情報を聞き取ろう。

Program

6:00 P.M.	Keynote speaker, Kyle Jefferson
7:00 P.M.	Panel decision
9:30 P.M.	Closing remarks, Samantha Jones
10:00 P.M.	Reception: coffee, tea and snacks

4. Where most likely is the speaker?
どこ？ 話し手はいるか

(A) At an awards ceremony
(B) At a shareholder meeting
(C) At a convention opening
(D) At a management seminar

話し手はどこにいるかについて聞いている。

5. What are the listeners asked to do?
何？ 聞き手がするように求められる

(A) Make small donations
(B) Submit questions to a panel
(C) Volunteer at charities
(D) Adjust their electronics

聞き手は何をするように言われているか。

図表についての追加情報を聞き取らなければならない。

6. Look at the graphic. When will the reception begin?
いつ？ レセプションが始まる

(A) At about 7:00 P.M.
(B) At about 9:30 P.M.
(C) At about 10:00 P.M.
(D) At about 10:30 P.M.

第**2**章 パート別まるごと対策

> ここを聞くだけで、説明文が始まる前に「トーク」と「プログラム」だとわかります。

Questions 4 through 6 refer to the following talk and program.

I want to thank all of you for coming this evening. <u>This is a chance for our community to recognize some of the largest and most consistent donors to various charities within the metropolitan area.</u>

> **Q4** の答えがわかります。
> 「これは、最もたくさん継続的に寄付している人を表彰する機会です」

These donors have been recognized by our panel, made up of local government, non-profit, and other leaders. <u>Now before we go any further tonight, I want to ask everyone to please turn off your mobile phones and similar devices.</u>

> **Q5** の答えがわかります。
> 「携帯電話の電源をお切りください」

This is to avoid any interference with the proceedings. <u>I also have to inform you that the reception planned for later in the evening will begin about 30 minutes later than scheduled, due to organizational issues.</u>

> **Q6** の答えを導くための追加情報があります。
> 「レセプションは予定より30分遅く始まります」と言っています。

Part 4

101

正解・解説

4. 正解：(A) 話し手のいる場所 ★★

先読み Point! Where → 「どこにいるか」を聞き取ろう。

解説 2文目に、This is a chance for our community to recognize some of the largest and most consistent donors to various charities within the metropolitan area. とあることから、**「最も大きく、継続的に寄付している人物は誰かを表彰する機会」だとわかる。正解は (A) At an awards ceremony である。**

設問・選択肢訳
話し手はどこにいると思われますか。
(A) 授賞式
(B) 株主会議
(C) 会議の開会式
(D) 経営セミナー

5. 正解：(D) 詳細情報 ★★

先読み Point! What → 「何をするように言われているか」を聞き取ろう。

解説 中ほどの Now before we go any further tonight, I want to ask everyone to please turn off your mobile phones and similar devices. から、聞き手は**「携帯電話などの機器の電源を切る」**ことを求められているとわかる。**これを「電子機器を調節する」と言い換えた (D) Adjust their electronics が正解である。**

設問・選択肢訳
聞き手は何をするように言われていますか。
(A) 少しの寄付をする
(B) 審査員団に質問を提起する
(C) 慈善団体でボランティアをする
(D) 彼らの電子機器を調節する

6. 正解：(D) 図表関連 ★★★

先読み Point! When → 表を見てから、「時間についての情報」を聞き取ろう。

解説 表だけを見ると、**「10時に始まる予定だ」**という情報を得ることができるが、すぐに (C) にマークしてはいけない。最後に I also have to inform you that the reception planned for later in the evening will begin about 30 minutes later than scheduled, due to organizational issues. とあるので、ここから**「レセプションは10時より30分遅れる」**ことを聞き取ろう。**正解は (D) At about 10:30 P.M. である。**

第2章　パート別まるごと対策

設問・選択肢訳
図表を見てください。レセプションはいつ始まりますか。
(A) 午後7時ごろ
(B) 午後9時30分ごろ
(C) 午後10時ごろ
(D) 午後10時30分ごろ

スクリプトの訳
設問4～6は次のトークとプログラムに関するものです。

今晩いらしたすべての皆様に感謝いたします。❹これは、我々のコミュニティが、大都市圏のさまざまな慈善団体に、最も大きく、継続して寄付をしてくださっている方々を表彰する機会です。寄付提供者の皆さまにつきましては、地方自治体、非営利団体、そしてその他のリーダーたちから成る我々の審査員団によって決定させていただいております。❺さて、今晩これから先に進める前に、携帯電話とそれに類する機器の電源をお切りくださいますようお願いいたします。プログラムの妨害を避けるためです。❻また、今晩後ほど予定されているレセプションが、進行上の都合により、予定より30分ほど遅れて始まることも皆様にお知らせいたします。

【プログラム】
午後6時	基調演説者：カイル・ジェファーソン
午後7時	審査員団による決定
午後9時30分	閉会の言葉：サマンサ・ジョーンズ
午後10時	レセプション：コーヒー、お茶、軽食❻

● 図表・設問・選択肢
- keynote speaker　基調講演者
- closing remarks　閉会の言葉
- convention　名 定期総会；大会
- charity　名 慈善団体
- panel　名 審査員団
- awards ceremony　授賞式
- donation　名 寄付

● スクリプト
- recognize　他 認定する；表彰する
- donor　名 寄付提供者
- reception　名 レセプション；晩さん会
- consistent　形 一貫した
- avoid　他 回避する
- organizational　形 進行上の；組織上の

頻出問題にトライ！

1. What type of business has the caller reached?
   (A) A bank
   (B) A utility
   (C) A school
   (D) A library

2. What is available through the automated system?
   (A) Making payments
   (B) Finding addresses
   (C) Placing orders
   (D) Leaving messages

3. What are listeners invited to do at the end of the call?
   (A) Confirm their current statement
   (B) Keep information confidential
   (C) Sign up for a customer warranty
   (D) Answer some questions

4. What is being advertised?
   (A) A sporting event
   (B) An amusement park
   (C) A luxury cruise
   (D) A music festival

5. What new feature is mentioned?
   (A) Food stalls
   (B) Discounts for families
   (C) Bridge expansion
   (D) Stands for the public

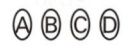

6. According to the advertisement, what is available on the Web site?
   (A) Vendor registration
   (B) Directions to a location
   (C) Locations for shopping
   (D) Spectator passes

Itinerary

Tour Stop	Time
Mester Folk Village	9:00 A.M.
Shelby Castle	11:30 A.M.
Aselin Tower	12:30 P.M.
Kennard Lake	1:00 P.M.
Casternal Forest	2:30 P.M.

7. What is indicated about the tour?
   (A) It is free.
   (B) It is prepaid.
   (C) It is only open to hotel guests.
   (D) It is mainly a treat for executives.

8. What is said about passports?
   (A) They can be left in special boxes.
   (B) They should be shown to guides.
   (C) They may be put with personal belongings.
   (D) They ought to be safely left within the bus.

9. Look at the graphic. Where will the listeners have lunch?
   (A) At Shelby Castle
   (B) At Aselin Tower
   (C) At Kennard Lake
   (D) At Casternal Forest

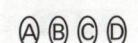

正解・解説　難易度 ★〜★★★

Questions 1-3

1. 正解：(B)　電話相手の会社　★★

先読み Point!　What → 「何の事業か」を聞き取ろう。

解説　冒頭で Thank you for calling Groverville Power and Water. と言っていることから、「電気と水道」を扱う会社である。したがって、「公益事業」を表す (B) A utility が正解となる。

設問・選択肢訳　電話をした人は、何の事業につながりましたか。
(A) 銀行
(B) 公益事業
(C) 学校
(D) 図書館

2. 正解：(A)　詳細情報　★

先読み Point!　What → 「何が利用可能か」を聞き取ろう。

解説　3文目で Our automated system can be used to pay bills, 〜と、自動システムでできることの１つ目に「料金を支払う」ことを言っている。したがって (A) Making payments が正解である。

設問・選択肢訳　この自動システムを使うと、何が可能ですか。
(A) 支払いをすること
(B) 住所を見つけること
(C) 注文をすること
(D) メッセージを残すこと

3. 正解：(D)　次の行動　★★

先読み Point!　What → 「何をするように言われているか」を聞き取ろう。

解説　終わりのほうに At the end of your call, you may be invited to take a short survey. とあり、「通話の最後に、簡単な調査に答えてもらうかもしれない」と言っている。正解は (D) Answer some questions である。

設問・選択肢訳　聞き手が、通話の最後でするように誘われていることは何ですか。
(A) 現在の明細書を確認する
(B) 情報を秘密にする
(C) 顧客保証の契約をする
(D) いくつかの質問に答える

第2章 パート別まるごと対策

スクリプト

Questions 1 through 3 refer to the following recorded message.

❶Thank you for calling Groverville Power and Water. Our main offices are at 502 Jakes Avenue. ❷Our automated system can be used to pay bills, update account information, review current statements, or find answers to frequently asked questions. To use this system, please press 1 now. Otherwise, stay on the line and your call will be answered in the order in which it was received. All calls may be monitored to ensure customer satisfaction. ❸At the end of your call, you may be invited to take a short survey. The survey is confidential, and helps us provide better overall service.

スクリプトの訳

設問1～3は次の録音メッセージに関するものです。

❶お電話をありがとうございます、グローバービル電気・水道会社です。我々のメインオフィスはジェイクス通り502番地にあります。❷自動システムは、料金の支払い、口座の情報の更新、現在の明細書の閲覧、またはよくある質問に対する回答に使用することができます。このシステムを使用するためには、今すぐ1を押してください。その他のお客様は、そのままお待ちください。お電話の受け付け順に応対いたします。全てのお電話は、お客様の満足度を高めるために録音されています。❸通話の最後に、簡単な調査をお願いするかもしれません。この調査は機密であり、我々がより良い総合的なサービスを提供するのに役立ちます。

● 設問・選択肢
- □ utility 名 公益事業
- □ current 形 現在の
- □ confidential 形 秘密の；守秘義務のある
- □ sign up for ～に契約する；～に登録する
- □ warranty 名 保証
- □ place an order 注文を出す
- □ statement 名 明細書

● スクリプト
- □ update 他 更新する
- □ frequently 副 しばしば
- □ ensure 他 確実にする
- □ overall 形 全体的な
- □ review 他 確認する
- □ otherwise 副 そうでなければ
- □ survey 名 調査

107

正解・解説

Questions 4-6

4. 正解：(A)　トークのテーマ　★★

先読みPoint!　What →「何が広告されているか」を聞き取ろう。

解説　冒頭で It's summer, and that means the Annual Sailboat Race is on the way. と、**「ヨットレースが近づいている」**ことを知らせている。続いて Scheduled for July 23, the event normally attracts tens of thousands of people to Bunner Island. と**「日程とレースの集客」**について話していることから、**(A) A sporting event** が正解となる。

設問・選択肢訳　何が広告されていますか。
- (A) スポーツイベント
- (B) 遊園地
- (C) ぜいたくな船旅
- (D) 音楽祭

5. 正解：(D)　詳細情報　★★

先読みPoint!　What →「新しい特徴は何か」を聞き取ろう。

解説　3文目で Spectators can enjoy the race from the water's edge or, new this year, in specially constructed viewing stands. と、「今年は特別に観客席が作られた」と言っている。**「観客用のスタンド席」**の意の **(D) Stands for the public** が正解である。

設問・選択肢訳　どんな新しい特徴が言及されていますか。
- (A) 屋台
- (B) 家族への割引
- (C) 橋の拡張
- (D) 観客用のスタンド席

6. 正解：(B)　情報の場所　★

先読みPoint!　What →「何が利用可能か」を聞き取ろう。

解説　最後で Find out more about the event or get detailed directions from www.summersailboatrace.net. と、「イベントの情報や詳細な行き方については、ウェブサイトで見ることが可能だ」と言っている。**正解は「会場への行き方」**の意味の **(B) Directions to a location** である。

設問・選択肢訳　広告によると、何がウェブサイトで利用可能ですか。
- (A) 販売店の登録
- (B) 会場への案内
- (C) 買い物の場所
- (D) 観客用のパス

第2章　パート別まるごと対策

スクリプト
CD>36 🇨🇦

Questions 4 through 6 refer to the following advertisement.

❹ It's summer, and that means the Annual Sailboat Race is on the way. Scheduled for July 23, the event normally attracts tens of thousands of people to Bunner Island. ❺ Spectators can enjoy the race from the water's edge or, new this year, in specially constructed viewing stands. They can also enjoy eating at any of the dozens of food stalls or shopping at souvenir vendors along the shore. This event is always fun for the entire family, and something that you won't want to miss. Take Highway 97 to the Treadwell Bridge and then cross over to the island. ❻ Find out more about the event or get detailed directions from www.summersailboatrace.net.

スクリプトの訳

設問4〜6は次の広告に関するものです。

❹夏になり、年に一度のヨットレースが近づいています。7月23日に予定されているこのイベントは、いつも何万人もの人々をバナー島に引きつけます。❺観客は水際から、または、今年は新しく、特別に作られた観客席でレースを楽しむことができます。海岸沿いのたくさんの屋台での飲食や、土産物店でのショッピングも楽しめます。このイベントはいつも家族全員にとっての楽しみであり、決して逃したくないものでしょう。ハイウェー97号線をトレッドウェル橋まで行き、島に渡ってください。❻イベントの詳細や詳しい道案内については、www.summersailboatatrace.net をご参照ください。

● 設問・選択肢
- [ ] amusement park　遊園地
- [ ] stall　名 屋台；露店
- [ ] vendor　名 売店；売り主
- [ ] location　名 場所
- [ ] luxury　形 豪華な
- [ ] expansion　名 拡張
- [ ] registration　名 登録
- [ ] spectator　名（スポーツなどの）観客

● スクリプト
- [ ] on the way　近づいて
- [ ] attract　他 引きつける
- [ ] souvenir　名 土産物
- [ ] entire　形 全体の
- [ ] cross over　〜を渡る
- [ ] normally　副 ふつうは；通常は
- [ ] water's edge　水際
- [ ] shore　名 海岸
- [ ] miss　他 見逃す

Part 4

109

正解・解説

Questions 7-9

7. 正解：(B)　詳細情報　★★

先読み Point!　What → 「ツアーについて何が述べられているか」を聞き取ろう。

解説　Your prepaid tour ～ を聞き取れば、**「このツアーは前払い制である」**ことがわかる。正解は (B) It is prepaid. である。

設問・選択肢訳　ツアーについて、何が述べられていますか。
(A) 無料である。
(B) 前払いである。
(C) ホテルの客だけに提供される。
(D) 主に経営者向けのイベントである。

8. 正解：(A)　詳細情報　★★

先読み Point!　What → 「パスポートについて何が言われているか」を聞き取ろう。

解説　後半に You won't need your passports, though, とあり、「このツアーではパスポートは必要ない」ことがわかる。続く so I encourage you to leave those in your rooms or in the hotel safe deposit boxes. で、**「ホテルの金庫に置いておく」**ことを勧められていることから、正解は (A) They can be left in special boxes. である。

設問・選択肢訳　パスポートについて、何が言われていますか。
(A) 特別の箱に置いておくことができる。
(B) ガイドに見せる必要がある。
(C) 自分の所持品と一緒にしておける。
(D) バスの中に安全に置いておくべきだ。

9. 正解：(B)　図表関連　★★★

先読み Point!　Where → 表を見ながら、「どこでランチを取るのか」を聞き取ろう。

解説　a complimentary lunch, which we'll have at around half past noon. を聞き取れば、**「ランチは 12：30 に取る予定だ」**ということがわかる。表から 12：30 に予定されている場所を探すと (B) At Aselin Tower が正解である。

設問・選択肢訳　図表を見てください。聞き手はどこでランチを取りますか。
(A) シェルビー城
(B) アスリンタワー
(C) ケナード湖
(D) カスターナルの森

第2章 パート別まるごと対策

> スクリプト CD)37

Questions 7 through 9 refer to the following announcement and itinerary.

Welcome! If this is your first time with us, you are truly in for a treat. I'm Chris, your guide. You'll have a chance to see a lot of historic sites, all within the most gorgeous natural settings. ❼Your prepaid tour includes ❾a complimentary lunch, which we'll have at around half past noon. As we board the bus, please keep your personal belongings with you at all times. ❽You won't need your passports, though, so I encourage you to leave those in your rooms or in the hotel safe deposit boxes. We won't be departing for about another 10 minutes, so there's enough time for you to do that. Let's look forward to a great day!

Itinerary

Tour Stop	Time
Mester Folk Village	9:00 A.M.
Shelby Castle	11:30 A.M.
Aselin Tower	12:30 P.M. ❾
Kennard Lake	1:00 P.M.
Casternal Forest	2:30 P.M.

旅程

訪問先	時間
メスター民俗村	午前9時
シェルビー城	午前11時30分
アスリンタワー	午後12時30分 ❾
ケナード湖	午後1時
カスターナルの森	午後2時30分

> スクリプトの訳

設問7〜9は次のアナウンスと旅程に関するものです。

ようこそ! 今回が初めての方々、本当に歓迎いたします。私がガイドのクリスです。皆さんは、最もすばらしい自然の舞台の中で、多くの史跡を見る機会があります。❼すでにお支払いいただいたこのツアーには、❾無料のランチが含まれており、12時30分ごろに取る予定です。バスにご乗車の際には、所持品は常にお手元にお持ちください。❽パスポートは必要がありませんので、皆さんのお部屋か、ホテルの貸金庫に置いておくことをお勧めいたします。出発まで10分ほどありますので、そうしていただく時間は十分です。それではすばらしい1日を楽しみましょう!

● 図表・設問・選択肢
- [ ] folk village　民族村
- [ ] executive　名経営者;幹部
- [ ] prepaid　形事前に支払われた
- [ ] personal belongings　所持品;私物

● スクリプト
- [ ] gorgeous　形すばらしい;美しい
- [ ] complimentary　形無料の
- [ ] setting　名状況;舞台

頻出ポイント Check!

[Part 4 でよく出る表現]

　Part 4 の説明文の設定には一定のパターンがあります。冒頭の言い回しや、決まった表現を覚えておきましょう。

〈電話メッセージ〉

☐ Hello, Mr. Land. It's Amanda Cullen from the Star Health Clinic.
　（こんにちはランド様。こちらは、スター・ヘルスクリニックのアマンダ・カレンです）

☐ I'll call you back at 5:00 P.M.
　（午後5時に折り返しお電話します）

☐ This message is for Mr. Powell.
　（パウエル氏にご伝言です）

〈録音メッセージ〉

☐ Thank you for calling BL Bakery.
　（BLベーカリーにお電話くださり、ありがとうございます）

☐ To speak with a customer service staff, press 1.
　（カスタマー・サービスのスタッフとお話しする場合は1を押してください）

☐ Stay on the line to hear this message repeat.
　（メッセージをもう一度聞く場合はそのままお待ちください）

☐ We apologize for the inconvenience.
　（ご不便をおかけしたことをお詫びいたします）

〈旅行・観光〉

☐ May I have your attention?
　（皆様にお知らせいたします）

☐ Thank you for joining us for the tour of Venice.
　（ベネチアのツアーにご参加いただきましてありがとうございます）

☐ I'll be your guide today.
　（私が本日のガイドを務めさせていただきます）

☐ Please feel free to ask me any questions during the tour.
　（ツアー中に、ご質問がありましたらご遠慮なくおたずねください）

〈スピーチ・アナウンス〉
- [ ] Welcome to the Jonathan's housing showroom.
（ジョナサンズの住宅ショールームにようこそ）
- [ ] We are pleased to announce the release of our new product.
（当社の新製品の発表を報告できてうれしいです）

〈人物の紹介〉
- [ ] We are here to celebrate our colleague tonight.
（今晩お集まりいただいたのは同僚を祝うためです）
- [ ] It is my great pleasure to introduce Edward Mill.
（エドワード・ミルさんを紹介することができて光栄です）
- [ ] Douglas graduated from New York University with a master's degree in Economics.
（ダグラスは経済学の修士号を取得して、ニューヨーク大学を卒業しました）

〈交通情報〉
- [ ] Good morning, listeners.
（リスナーの皆さん、おはようございます）
- [ ] There was a car accident this morning.
（今朝、自動車事故がありました）
- [ ] Vehicles are moving slowly on Highway 41.
（ハイウェー41号線では車はゆっくりした動きになっています）
- [ ] Stay tuned for our next traffic report in ten minutes.
（10分後に次の交通情報をお送りしますので、このままお聞きください）

Part 5 「短文穴埋め問題」まるわかり！

問題の形式

　単文の空所に最適のものを4つの選択肢から選ぶ問題です。**ぜんぶで30問あります**。

問題の傾向

　Part 5 で問われるのは「文法」「単語」の知識と運用力です。内容で分類すると、次のようになります。

「動詞の形」問題
▶ 同じ動詞のさまざまな形が選択肢に並ぶ。

「品詞識別」問題
▶ 同じ語幹の単語＝派生語が並ぶ。

> この3つで約15問ある

「文法項目」問題
▶ 代名詞・関係詞などの文法項目の知識を問う。

「　単　語　」問題
▶ 同じ品詞のさまざまな単語が並ぶ。

> 単語問題で約15問ある

　「動詞の形」「品詞識別」「文法項目」の各問題は、**文の中で空所がどんな役割をしているかを見極めるのがポイント**です。文法の知識さえあれば解けるので、知らない単語が出てきてもあきらめないことが大切です。
　600点目標であれば、これらで確実に得点しておきましょう。

　「単語問題」は、意味を知っているかどうかがすべてです。ただ、頻出語の用法を問う問題が大半で、難語はわずかしか出ません。日頃から問題集などでよく見る単語をチェックしておきましょう。

第2章　パート別まるごと対策

解き方の手順　次の3つのステップで解答しよう。

1 選択肢から「問題の種類」を知る

▼

2 「問題の種類」を意識して、問題文を見る

▼

3 空所の役割や文脈から、選択肢を絞る

★ Part 5 の文はビジネスの書き言葉です。文の雰囲気や、よく使われる単語・表現になじんでおくとぐんと解きやすくなります。

● 「動詞の形問題」の選択肢
(A) propose〈原形〉
(B) proposes〈現在形・三単現〉
(C) proposed〈過去形・過去分詞〉
(D) have proposed〈現在完了形〉
→ 空所の役割に合った形を選ぶ

● 「品詞識別問題」の選択肢
(A) vary〈動詞〉
(B) various〈形容詞〉
(C) variety〈名詞〉
(D) variation〈名詞〉
→ 空所の役割に合った形を選ぶ

● 「文法項目の問題」の選択肢
(A) which〈関係代名詞〉
(B) what〈関係代名詞〉
(C) those〈指示代名詞〉
(D) his〈人称代名詞〉
→ 空所の役割に合った形を選ぶ

● 「単語問題」の選択肢
(A) effort〈努力〉
(B) progress〈進歩〉
(C) direction〈指示〉
(D) share〈占有率〉
→ 文意に合った単語を選ぶ

時間配分

600点目標なら、**1問＝30秒**を目安に進めましょう。Part 5 はぜんぶで30問ありますから、**15分で終える**ことがポイントです。

Part 5

解法 16 「動詞の形問題」は空所の役割・態を考える。

1. Employees ------- to attend the half-day sales promotion seminar on May 8, at our main conference room.

① 選択肢の「動詞の形」をチェックする

(A) encourages　　〈能動態・三単現 s〉
(B) encourage　　〈能動態〉
(C) are encouraged　〈受動態〉
(D) encouraging　　〈ing 形（現在分詞・動名詞）〉

② 「空所の役割」を考える

　この文には述語動詞がないので、入るのは述語動詞です。したがって、ing 形の (D) は間違い。
　主語は複数の Employees なので、動詞は複数の形でなければなりません。三単現の s が付いた (A) は間違い。

③ 「態」を考える

　主語 Employees（社員）が、セミナーに出ることを「奨励する」か「奨励されるか」を考えます。
　「奨励される」が自然なので、「能動態」の (B) は間違いで、「受動態」の (C) が正解になります。(C) の be 動詞は複数の主語に合った are にもなっています。

第2章　パート別まるごと対策

1. 正解：(C) ★★

社員は、5月8日に当社の大会議室で開かれる半日の販売促進セミナーに出席することが奨励されている。
(A) 奨励する
(B) 奨励する
(C) 奨励される
(D) 奨励する

□ employee　名 社員　　　　　□ sales promotion　販売促進
□ conference　名 会議

「動詞の形問題」の5つのポイント

1）態：主語と述語の関係を考えます。
- 主語が「する」のなら「能動態」です。
- 主語が「される」のなら「受動態」です。

2）主語・述語の一致：主語が単数か複数かを見ます。
- 現在形の場合、主語が単数なら動詞に「三単現のs」が必要です。

3）分詞：分詞が修飾する名詞との関係を考えます。
- その名詞が「する」のなら現在分詞です。
- その名詞が「される」のなら過去分詞です。

4）動名詞・不定詞：用法がそれぞれ違います。
- 主語・目的語・補語になる → 動名詞・不定詞とも
- 前置詞に続けられる → 動名詞のみ
- 動詞との関係：動詞によって不定詞を続けられるもの、動名詞を続けられるもの、両方を続けられるものがあります。

5）仮定法：「形」を知っておけば対応できます。
- 仮定法過去：現在の現実と異なることを仮定する。
  〈If S + 過去形 ～, S + would [might など] + 原形 ～〉
- 仮定法過去完了：過去の現実と異なることを仮定する。
  〈If S + had 過去分詞 ～, S + would [might など] + have 過去分詞 ～〉

Part 5

解法 17 「品詞識別問題」は空所の役割と空所が何を修飾するかを考える。

2. The firm wants to improve product ------- to meet consumer willingness to pay.

① 選択肢の「品詞の種類」をチェックする

(A) rely 〈動詞〉
(B) reliable 〈形容詞〉
(C) reliably 〈副詞〉
(D) reliability 〈名詞〉

② 「空所の役割」を考える

「product -------」の部分は動詞 improve の目的語に当たる要素です。したがって、動詞の (A) rely を重複して入れることはできません。
　また、副詞の (C) reliably を入れると、product が無冠詞のまま浮いてしまいます。(C) も間違いです。

③ 修飾関係を考える

　次に形容詞の (B) reliable ですが、形容詞単独ではふつう名詞を前から修飾します。名詞の product の後ろに入れるのがおかしいので、(B) も間違い。
　「product + reliability」で「製品の信頼性」になるので、名詞の (D) reliability が正解です。〈名詞 + 名詞〉のパターンもあるので、注意しましょう。

2. 正解：(D) ★★

その会社は、消費者の購入意欲に応えるために、製品の信頼性を高めたいと考えている。
(A) 信頼する
(B) 信頼できる
(C) 期待通りに
(D) 信頼性

- ☐ firm 名 会社
- ☐ meet 他 〜に応える
- ☐ improve 他 向上させる
- ☐ consumer 名 消費者

品詞識別問題の2つのルール

1）「文の要素」と「品詞」の関係

空所がどんな文の要素かで、入る品詞を推測することができます。文の要素は「主語」「述語」「目的語」「補語」です。

- 「主語・目的語」なら → 「名詞」
- 「述語」なら → 「動詞」
- 「補語」なら → 「名詞」または「形容詞」

2）修飾関係

空所がどの言葉を修飾するかによって、入る品詞を予測できます。

- 「名詞」を修飾すれば → 「形容詞」または「名詞」
- 「動詞」「形容詞」「副詞」「文全体」を修飾すれば → 「副詞」

Part 5

解法 18 「代名詞問題」は空所の代名詞が指す名詞を見つける。

3. Amara Baker helped coworkers complete their reports, after she had completed -------.

① 選択肢の「代名詞の種類」をチェックする

(A) she 〈主格〉
(B) her 〈目的格〉
(C) hers 〈所有代名詞〉
(D) herself 〈再帰代名詞〉

② 「空所の役割」を考える

after の後の「she had completed -------」の文で、空所は動詞 completed の目的語の要素になります。したがって、まず主格の代名詞である (A) she が間違いとわかります。

③ 空所の代名詞が何を指すか

動詞は前出の completed と共通なので、空所も共通と考えられ、their reports に対応するものが入ります。空所の文の主語は she なので、空所は「彼女の報告書」になるはず。**所有代名詞の (C) hers を使って「彼女の報告書」＝「彼女のもの」とすればいいので、これが正解です。**
目的格の (B) her では「彼女を完了させた」となり文が通じません。
再帰代名詞の (D) herself でも「彼女自身を完了させた」となりおかしくなります。

3. 正解：(C) ★★

アマラ・ベイカーは、自分のものを終えた後で、同僚たちが報告書を作成するのを手伝った。
(A) 彼女は
(B) 彼女を
(C) 彼女のものを
(D) 彼女自身

□ coworker 名 仕事の同僚　　□ complete 他 完了する

代名詞問題のポイント

　代名詞の人称は3つ、それぞれ単数と複数があります。格も「主格」「所有格」「目的格」の3つです。まず、これらを正確に区別することが基本になります。

- 「主格」＝ 主語になる。
- 「所有格」＝ 直後の名詞にかかる。
- 「目的格」＝ 動詞の目的語になる。また、前置詞に続けられる。

「所有代名詞」と「再帰代名詞」の特徴は次の通りです。

- 「所有代名詞」＝〈所有格 ＋ 名詞〉の代わりをする。「〜のもの」
- 「再帰代名詞」＝「〜自身」の意味で、主語と重複する目的語に使ったり、強調するのに使う。

	一人称単数	二人称単数	三人称単数	一人称複数	二人称複数	三人称複数
主格	I	you	he/she/it	we	you	they
所有格	my	your	his/her/its	our	your	their
目的格	me	you	him/her/it	us	you	them
所有代名詞	mine	yours	his/hers	ours	yours	theirs
再帰代名詞	myself	yourself	himself/herself/itself	ourselves	yourselves	themselves

Part 5

解法 19 「単語問題」は修飾関係と文脈理解がカギになる。

4. We had to take an ------- road because Marine Drive was closed due to the accident.

① 選択肢の「単語の意味」をチェックする

(A) ideal 〈理想的な〉
(B) ordinary 〈普通の〉
(C) alternate 〈別の〉
(D) upcoming 〈近く起こる〉

② 空所は形容詞なので、次の名詞との相性を考える

選択肢は「形容詞」なので、「修飾関係」は次の名詞との相性を考えます。road（道路）との相性を考えると、(D) upcoming（近く起こる）はつながりが悪いので外すことができます。

※この修飾関係だけで解ける問題もあります。

③ 文脈を理解する

次に文脈を考えます。この文は「交通事故があったので、〜道路を使わなければならなかった」という意味です。**「別の道路」とすれば、文脈に合うので、(C) alternate（別の）が正解になります。**

4. 正解：(C) ★

事故のためマリーン・ドライブが閉鎖されていたので、私たちは別の道路を使わなければならなかった。
(A) 理想的な
(B) 普通の
(C) 別の
(D) 近く起こる

□ due to 〜という理由で

単語問題を速解するコツ

　単語問題に解答するには、文脈を理解して正解を特定するのが基本です。しかし、問題によってはこのプロセスをショートカットできる場合があります。
　それぞれの品詞の性質によって、結びつきの強い単語との相性を考えるのです。他の単語との相性から正解が特定できれば、文全体を読まなくても解答することができます。

- 動詞：「目的語」との相性を考える。
- 名詞：「前後の言葉」との相性を考える。
- 形容詞：修飾する「名詞」との相性を考える。
- 副詞：修飾する「動詞」「形容詞」「副詞」との相性を考える。

Part 5

解法 20 「接続詞・前置詞」の問題は空所に続く要素をチェックする。

5. ------- its all production is now in China, SK Manufacturing is still based in Tokyo.

① 選択肢の「言葉の機能」をチェックする

(A) Despite 〈前置詞〉
(B) However 〈接続副詞〉
(C) Although 〈接続詞〉
(D) Unless 〈接続詞〉

② 空所に続く要素を確認する

空所の後ろは its all production is now in China で、〈主語 + 動詞〉のある文になっています。「前置詞」や「接続副詞」では、後ろに文を続けられないので、まず (A) Despite と (B) However が間違いとわかります。選択肢は「接続詞」に絞られました。

③ 文脈を理解する

次に文脈を見ます。カンマまでは「その生産のすべては今では中国である」、カンマの後は「ＳＫマニュファクチャリングはまだ本社を東京に置いている」。前後のロジックは「逆接」の関係ですね。

したがって、**逆接の意味をもつ接続詞の (C) Although（〜だけれども）が正解になります。**

(D) Unless（もし〜でないなら）は「否定の条件」を表す接続詞で、間違いです。

第2章 パート別まるごと対策

5. 正解：(C) ★★★

その生産のすべては今では中国だが、ＳＫマニュファクチャリングはまだ本社を東京に置いている。
(A) ～にもかかわらず
(B) しかしながら
(C) ～だけれども
(D) もし～でないなら

□ be based in　～に本社を置く

接続詞・前置詞・接続副詞の区別のしかた

この３つは、後続の要素に注目すれば区別できます。

接続詞：後ろには〈主語＋動詞〉の「文」が続きます。接続詞によっては「分詞」（現在分詞・過去分詞）も可。
前置詞：後ろに続くのは必ず「名詞」です。
接続副詞：基本的に副詞で、後ろに単語や文を続けられません。文全体を修飾して、前の文とのロジックを示します。

接続詞には「等位接続詞」と「従位接続詞」があります。

等位接続詞：前後の要素を対等の関係でつなぎます。
〈A ＋ 接続詞 ＋ B〉　A＝B　＊AとBは文でも単語でもOK。
and（～と～；～そして～）　　or（～または～；～さもないと～）
but（～しかし～）

従位接続詞：前後を主従の関係でつなぎます。
〈接続詞 A, B〉　A＜B　＊AとBはともに文である。
although（～だけれども）　　　while（～している間、～の一方）
since（～だから、～から）　　　when（～のとき）
unless（～でないなら）　　　　whether（～かどうか）

頻出問題にトライ！

1. The Lister Manufacturing factory equipment is somewhat old, yet still operates -------.
   (A) satisfy
   (B) satisfied
   (C) satisfaction
   (D) satisfactorily

2. TKX Logistics, Inc., drivers are required to give ------- sufficient rest before going on the road.
   (A) they
   (B) ours
   (C) ourselves
   (D) themselves

3. Samuel Roberts ------- to complete his assignment early, but it proved impossible.
   (A) to plan
   (B) will plan
   (C) had planned
   (D) have been planning

4. Freknow Consulting supplies its clients a clear ------- over competitors.
   (A) degree
   (B) advantage
   (C) employment
   (D) imagination

5. Ilene Kurtz gained confidence in her new position ------- her initial doubts as to how well she would do in it.
   (A) but
   (B) neither
   (C) despite
   (D) nevertheless

6. Janno Cleaning Services always appreciates customers that ------- it to others.
   (A) refer
   (B) question
   (C) contact
   (D) allow

7. Kakono Tile Co. board members currently ------- on whether to go forward with a business expansion.
   (A) differ
   (B) difference
   (C) different
   (D) differently

8. The Venture Firm of the Year Award goes to highly successful companies ------- within the last 12 months.
   (A) launch
   (B) will launch
   (C) launched
   (D) launching

9. Klaber Hotel room service is open 24 hours a day to handle ------- dining requests guests may have.
   (A) anywhere
   (B) anytime
   (C) whatever
   (D) whenever

10. e-Track Forever ™ software helps firms manage any goods or items held in -------.
    (A) level
    (B) nation
    (C) placement
    (D) inventory

正解・解説　難易度 ★〜★★★

1. 正解：(D) 品詞識別 ★

選択肢 Check! satisfy の派生語が並ぶ品詞識別問題である。

解説 動詞 operates は自動詞で「作動する」、他動詞で「操作する」の意味。ところで、この動詞の主語は equipment（装置）なので、自動詞でないとおかしい。ということは、空所にくる要素は副詞だけ。**(D) satisfactorily（満足に）が正解。**

The Lister Manufacturing factory equipment is somewhat old, yet still operates -------.
リスター・マニュファクチャリングの工場設備はかなり古いが、まだ満足に動く。

(A)　satisfy（満足させる）　動詞
(B)　satisfied（満足した）　形容詞
(C)　satisfaction（満足）　名詞
(D)　satisfactorily（満足に）　副詞

☐ factory 名 工場　　　　☐ equipment 名 設備
☐ somewhat 副 かなり　　☐ operate 自 作動する

2. 正解：(D) 文法（代名詞） ★★

選択肢 Check! 代名詞が並ぶ文法問題である。

解説 空所は give の後ろにあり、また選択肢には所有格がないので、ここは〈give ＋ 目的語 1 ＋ 目的語 2（sufficient rest）〉の形だと考える。**主語は drivers なのでこれを目的語として受けられるのは、三人称複数の再帰代名詞の (D) themselves である。**「ドライバーは〜彼ら自身に十分な休憩を与える」となる。

TKX Logistics, Inc., drivers are required to give ------- sufficient rest before going on the road.
TKXロジスティクス社のドライバーは、路上に出る前に自分自身に十分な休憩を与えることが求められる。

(A)　they（彼らは）　主格
(B)　ours（私たちのもの）　所有代名詞
(C)　ourselves（私たち自身に）　再帰代名詞
(D)　themselves（彼ら自身に）　再帰代名詞

☐ logistics 名 物流管理　　　☐ be required to 〜することが求められる
☐ sufficient 形 十分な　　　　☐ rest 名 休憩

3. 正解：(C)　動詞の形　★★

選択肢 Check! 動詞 plan のさまざまな形が並ぶ問題である。

解説 この文には述語動詞がないので、入るのは動詞。まず、不定詞の (A) を外せる。次に後半の proved impossible（不可能であることがわかった）から、**空所の時制は不可能であることがわかる前の動作を表す過去完了でなければならない。(C) が正解となる。**(D) は現在完了で、時制としても無理があるが、主語は 1 人の人物なので、have とするのもおかしい。

Samuel Roberts ------- to complete his assignment early, but it proved impossible.
サミュエル・ロバーツは自分の仕事を早めに終える計画をしていたが、それが不可能になった。

(A) to plan　不定詞
(B) will plan　未来形
(C) had planned　過去完了形
(D) have been planning　現在完了進行形

☐ complete　他 完了する　　　　☐ assignment　名 仕事；業務
☐ prove　自 〜であるとわかる：〜になる

---

4. 正解：(B)　単語問題　★★

選択肢 Check! さまざまな名詞が並ぶ単語問題である。

解説 「コンサルティング会社が顧客に何を提供するか」を考える。**それは「競争相手に対する明らかな〜」である。この文脈から (B) advantage(優位)に絞れる。**

Freknow Consulting supplies its clients a clear ------- over competitors.
フレクナウ・コンサルティングは、競合会社に対する明らかな優位性をクライアントに提供します。

(A) degree（学位；度）
(B) advantage（優位性）
(C) employment（雇用）
(D) imagination（想像）

☐ supply　他 提供する　　　　☐ competitor　名 競争相手

正解・解説

5. 正解：(C)　文法問題　★★

選択肢 Check!　接続詞、副詞、前置詞が混在する文法問題である。

解説　文脈的には、空所までは「イレーヌ・カーツは新しい仕事に自信を得た」、空所の後は「そこでどれくらいうまくやれるかについての最初の疑問」なので、入るのは逆接の言葉である。**空所の後は名詞 her initial doubts なので、前置詞の (C) despite（〜にもかかわらず）を選ぶ。**

Ilene Kurtz gained confidence in her new position ------- her initial doubts as to how well she would do in it.

イレーヌ・カーツは、最初はそこでどれくらいうまくやれるか疑問だったものの、新しい仕事に自信を得た。

- (A) but（しかし）　接続詞
- (B) neither（どちらも〜ない）　副詞
- **(C) despite（〜にもかかわらず）　前置詞**
- (D) nevertheless（それでもやはり）　副詞

☐ gain confidence　自信をもつ　　☐ position　名 仕事；職責
☐ initial　形 最初の　　　　　　　☐ doubt　名 疑問

---

6. 正解：(A)　単語問題　★★

選択肢 Check!　さまざまな動詞が並ぶ単語問題である。

解説　空所の次の it が何を指すかを考えると、Janno Cleaning Services しかない。この会社を他の人にどうするのか。**「紹介する」の意味のある (A) refer が最適。**

Janno Cleaning Services always appreciates customers that ------- it to others.

ジャンノ・クリーニング・サービシズはいつも、同社を他の人に紹介してくれる顧客をありがたいと思っている。

- **(A) refer（紹介する）**
- (B) question（質問する）
- (C) contact（連絡する）
- (D) allow（許す）

☐ appreciate　他 感謝する；評価する　　☐ customer　名 顧客

7. 正解：(A)　品詞識別　★

選択肢 Check!　differ の派生語が並ぶ品詞識別問題である。

解説　この文には述語動詞がないので、動詞が入らなければならない。**動詞は (A) differ（異なる）である。**「事業拡大を進めるかどうかで意見が異なる」という意味になる。

Kakono Tile Co. board members currently ------- on whether to go forward with a business expansion.
カコノ・タイル社の取締役会のメンバーは現在、事業拡大を進めるかどうかで意見が割れている。

(A) **differ**（異なる）　動詞
(B) difference（違い）　名詞
(C) different（異なった）　形容詞
(D) differently（異なって）　副詞

☐ board　名 取締役会
☐ go forward with　～を進める
☐ currently　副 現在は
☐ expansion　名 拡大

8. 正解：(C)　動詞の形　★★

選択肢 Check!　動詞 launch（始める）のさまざまな形が並ぶ問題である。

解説　この文にはすでに述語動詞 goes があるので、述語動詞の形の (A) や (B) は入る余地がない。次に、companies と空所の関係を考えると、「会社は始められた」と態は受け身でないとおかしい。**ここから過去分詞の (C) launched が正解となる。**

The Venture Firm of the Year Award goes to highly successful companies ------- within the last 12 months.
年間ベンチャー企業賞は、過去12カ月以内に設立された最も成功した会社に贈られる。

(A) launch　原形
(B) will launch　未来形
(C) **launched**　過去分詞
(D) launching　現在分詞・動名詞

☐ award　名 賞

9. 正解：(C)　文法問題　★★★

選択肢 Check!　副詞、形容詞、接続詞が並ぶ文法問題である。

解説　空所は動詞の handle と名詞の dining requests に挟まれている。dining requests は handle の目的語になるので、空所には形容詞の役割をするものしか入る余地はない。(A) と (B) は副詞、(D) は接続詞なので、いずれも不可。**(C) whatever は「どんなものでも」という形容詞の役割をするので、これが正解**。文法的には、関係形容詞と呼ぶ。

Klaber Hotel room service is open 24 hours a day to handle ------- dining requests guests may have.

クレイバーホテルのルームサービスは、宿泊客のどんな食事のリクエストにも対応できるように、１日24時間利用できます。

(A)　anywhere（どこでも）　副詞
(B)　anytime（いつでも）　副詞
(C)　whatever（どんなものでも）　形容詞
(D)　whenever（いつでも）　接続詞

□ handle　他 対応する；取り扱う

---

10. 正解：(D)　単語問題　★★★

選択肢 Check!　さまざまな名詞が並ぶ単語問題である。

解説　goods 以下で考えると、「〜に組み込まれた商品または品目」という文脈。**goods や items との相性を考えると、(D) inventory（在庫）が最適である**。

e-Track Forever ™ software helps firms manage any goods or items held in -------.

eトラック・フォーエバー・ソフトは、企業が在庫に組み込まれた商品または品目を管理するのを支援する。

(A)　level（水準）
(B)　nation（国家）
(C)　placement（配置；職業斡旋）
(D)　inventory（在庫）

□ item　名 品目；商品

第2章　パート別まるごと対策

頻出ポイント Check!

［品詞識別問題］

どの品詞かは語尾で見分けられるものが数多くあります。基本を知っておきましょう。

● 名詞の語尾

-tion	option（選択肢）	-sion	decision（決定）
-ment	movement（動き）	-nce	convenience（便利）
-ity	quality（品質）	-ship	membership（会員資格）
-ness	kindness（親切）	-cy	efficiency（効率性）

● 形容詞の語尾

-ble	capable（可能な）	-al	mutual（相互の）
-ful	powerful（力強い）	-ent	sufficient（十分な）
-ive	competitive（競争力のある）	-ic	domestic（国内の；家庭の）
-ous	enormous（莫大な）	-que	picturesque（絵のように美しい）

● 動詞の語尾

-fy	satisfy（満足させる）	-en	shorten（短くする）
-ze	realize（理解する；実現する）	-ate	create（作り上げる；創造する）
-ire	inquire（問い合わせる）		

● 副詞の語尾

-ly	annually（毎年）	respectively（それぞれ）

● 注意すべき例外

・語尾 -ly なのに、副詞ではなく形容詞
orderly（整理された）　　timely（時宜を得た）

・語尾 -ly で、形容詞としても副詞としても使う
only（唯一の；ただ）　　quarterly（四半期の；四半期で）

Part 5

133

頻出ポイントCheck!

[関係詞]

空所に入る関係詞を選ぶときには、後続の文の要素（主語・目的語・所有格）に注目します。

① **主語・目的語・所有格のいずれかの欠けた要素があれば関係代名詞を選びます。欠けた要素がなければ関係副詞を選びます。**

② **関係代名詞は、先行詞が人かモノか、格がどれかで絞り込みます。**

③ **関係副詞は、「先行詞＝関係副詞」の対応が決まっています。先行詞に合った関係副詞を選びます。**

関係代名詞	主格	所有格	目的格
人	who	whose	whom/who
モノ	which	whose/of which	which
人・モノ	that	—	that

関係副詞	先行詞	先行詞の例
when	時を表す語	day, year など
where	場所を表す語	house, country など
why	理由を表す語	reason
how	なし	—

第2章　パート別まるごと対策

[相関語句]

相関語句とは、前後の2つの語が関連し合って1つの意味をもつ表現です。一方が空所になっていて、もう一方の語から推測させる問題が出ます。

- □ **both** A **and** B（AもBも）
- □ **either** A **or** B（AかBのどちらか）
- □ **neither** A **nor** B（AもBも〜ない）
- □ **not** A **but** B（AではなくB）
- □ **not only** A **but (also)** B（AばかりでなくBもまた）
- □ **so** 形容詞・副詞 **that** 〜（とても…なので〜）
- □ **such** 名詞 **that** 〜（とても…なので〜）
- □ **whether** A **or** B（AかBのどちらか）

[前置詞の用法]

前置詞は、よく出る用法をチェックしておきましょう。

- □ **for/during**〈一定の時間〉→ for [during] ten days（10日間）
- □ **by**〈期限〉→ by the end of this month（今月末までに）
- □ **until**〈継続〉→ until this weekend（今週末までずっと）
- □ **since**〈起点〉→ since this morning（今朝から）
- □ **in**〈増減〉→ an increase in oil prices（石油価格の上昇）
- □ **around/about**〈おおよそ〉→ around [about] five（だいたい5時に）
- □ **by**〈差〉→ Revenues increased by 25%.（収入は25％増えた）
- □ **behind**〈遅延〉→ behind schedule（予定より遅れて）
- □ **under**〈進行中〉→ under consideration（検討中で）
- □ **despite**〈逆接〉→ despite the bad weather（悪天候にもかかわらず）

Part 6 「長文穴埋め問題」まるわかり！

問題の形式

　長文に4つの空所があって、それぞれの空所に最適のものを4つの選択肢から選びます。**ぜんぶで長文は4セット、設問は16問あります。**

問題の傾向

　Part 6 は長文の空所に入る適語を選ぶ問題です。基本的には Part 5 の短文穴埋めの延長ですが、Part 5 とは異なるところもあります。
　それは、長文という特性を生かした設問設定です。空所の文を読むだけでは対応できず、**文脈や前後関係がわからないと解けない問題がほとんどです。**

　そこで、基本的な戦略としては、「最初から通して読む」ことです。
　通して読めば、文の流れが頭に入るので、設問ごとにあちこちにアンサーキーを探す手間が省けて、効率的です。

　文脈が関係する問題は次のようなものがあります。

代名詞	▶ 空所が指す言葉がどれかを見極める
時制	▶ 時を示すヒントになる動詞や言葉を見つける
つなぎ言葉	▶ 前の文との関係が、順接・逆接・付加なのか考える
言葉の言い換え	▶ 既出の言葉が似通った表現に言い換えられる
文の選択	▶ キーワード、時制、代名詞の指示関係などから考える ☞「解法 23」Q4 (p.139)

> 解き方の手順　次の３つのステップで解答しよう。

1 文脈を意識して、頭から読んでいく

▼

2 空所の選択肢を見て、問題の種類を知る

▼

3 前後の文脈から選択肢を絞る

> 時間配分

　600点を目標とするなら、**Part 6 全体を8分**で処理するのが目標です。
　Part 6 は目立った難問はあまり出ないパートですが、「文選択」の問題は時間がかかりそうです。それでもこのパートでは、失点は最少に押さえるようにしましょう。

Part 6 メール

解法 21 文脈を考えて、最初からぜんぶ読む。

▶ ほとんどの問題は空所の文だけでは解けない。前後の文や全体との関連を考えよう。

Questions 1-4 refer to the following e-mail.

To: hellen.reese@serltonindustries.net
From: sebastian.murdoch@klancy-metalworks.com
Date: December 8
Subject: Order 79H2015Z

Dear Ms. Reese,

I am e-mailing you to confirm that we ---1.--- the overdue order above.

It left our warehouse eight hours ago and should arrive within three business days. This could possibly ---2.--- to four days, depending on traffic.

I sincerely ---3.--- for this situation.

 ---4.--- . Please count on consistent quality from us going forward.

Sincerely,

Sebastian Murdoch
Sales Manager
Klancy Metalworks

第2章　パート別まるごと対策

> **解法22** 空所の前後に注目する。
> 時制、代名詞、文脈理解が解答のカギになる。

▼ 文脈から適切な時制を考える。

1.
(A) have been shipped
(B) would have shipped
(C) have shipped
(D) will ship

▼ 前文との関係をつかむ。代名詞 This が何を指すかがポイント。

2.
(A) extend
(B) react
(C) insist
(D) propose

▼ 「品詞識別問題」は空所の文だけで解けることが多い。空所の役割を考えよう。

3.
(A) apology
(B) apologize
(C) apologetic
(D) apologetically

> **解法23** 「文選択の問題」は文脈を押さえて、キーワードに注目する。

▼ 空所までの文脈をつかむ。選択肢にそれまでの文章につながる言葉（キーワード）がないか探す。

4.
(A) The new work schedule will be posted shortly.
(B) We normally don't make this type of error.
(C) We are still waiting to hear from you.
(D) As a result, we have much improved.

正解・解説

1. 正解：(C) ★★

① 動詞 ship のさまざまな形が並ぶ「動詞の形」問題。

(A) have been shipped 〈現在完了・受動態〉
(B) would have shipped 〈助動詞 + 完了（仮定法）〉
(C) have shipped 〈現在完了・能動態〉
(D) will ship 〈未来形〉

②「時制」を考える

空所の文は「上記の、処理が遅れておりました注文品を〜のを確認するためにメールしております」。次の文は「注文品は8時間前に発送された」なので、時制は過去形か現在完了形が適当。

→ (B) 助動詞 + 完了（仮定法） ✕
　 (D) 未来形 ✕

③「態」を考える

主語は we なので、「発送した」と能動態でないといけない。

→ (A) 現在完了・受動態 ✕
　 (C) 現在完了・能動態 ○ 正解

第2章 パート別まるごと対策

2. 正解：**(A)** ★★

① さまざまな動詞が並ぶ「単語問題」。

　　(A) extend（伸びる）
　　(B) react（反応する）
　　(C) insist（主張する）
　　(D) propose（提案する）

②「前文との関係」を考える

空所の文は「交通事情により、これは4日に〜する可能性があります」。This（これ）が何かを前文に探ると、「注文品（It）が3日以内に届く」ことを指す。「3日以内に届く」が「交通事情により4日にどうなるか」と考えれば、**(A) extend（伸びる）が正解とわかる。**

---

3. 正解：**(B)** ★

① apology の派生語が並ぶ「品詞識別」問題である。

　　(A) apology　　　　名詞
　　(B) apologize　　　動詞
　　(C) apologetic　　　形容詞
　　(D) apologetically　副詞

② 空所の文中での役割を考える

この文には述語動詞がなく、空所は副詞 sincerely の後ろにある。入るのは述語動詞。

→　(A) 名詞　　　✕
　　(B) 動詞　　　○ 正解
　　(C) 形容詞　　✕
　　(D) 副詞　　　✕

Part 6

4. 正解：(B) ★★★

① 文選択の問題である。

(A) The new work schedule will be posted shortly.
新しい業務スケジュールはすぐに張り出されます。
(B) We normally don't make this type of error.
私たちはふつう、このようなミスはいたしません。
(C) We are still waiting to hear from you.
私たちはお客様からのご連絡をまだお待ちしております。
(D) As a result, we have much improved.
結果として、私たちは大きく進歩しました。

② 文の流れを確認して、選択肢のキーワードに注目する

まず、空所までの文脈を考えると、**「遅れていた注文品を発送して、その到着予定を知らせる」**内容である。発送が遅れていたことを、this type of error（この種のミス）で受けて、「私たちはふつう、このようなミスはいたしません」とすればうまくつながる。よって、**(B) が正解**。

③ 消去法で誤答を消していくこともできる

(A) work schedule に相当するものがそれまで出ていない。→ ✗
(C) お客様に連絡を求めてはいない。→ ✗
(D) 遅れていた注文品の発送くらいで「大きく進歩する」ことはない。
　→ ✗

第2章　パート別まるごと対策

> **訳**

設問1～4は次のメールに関するものです。

受信者：hellen.reese@serltonindustries.net
発信者：sebastian.murdoch@klancy-metalworks.com
日付：12月8日
件名：注文79H2015Z

リーズ様

上記の、処理が遅れておりましたご注文品を❶発送したことを確認するためにメールしております。

ご注文品は8時間前に倉庫から出荷され、3営業日以内にお手元に到着する予定です。交通事情により、これは4日に❷伸びる可能性があります。

こうした状況を心より❸お詫び申しあげます。

❹私どもは通常はこのような手違いをいたしません。私どもが一貫したクオリティを提供していくことをご信頼ください。

敬具
セバンチャン・マードック
販売部長
クランシー・メタルワークス

● **問題文**
- confirm　他 確認する
- warehouse　名 倉庫
- situation　名 状況
- consistent　形 一貫した
- overdue　形 遅れた
- sincerely　副 心より
- count on　～を信頼する
- go forward　先に進む

● **選択肢**
- ship　他 発送する
- react　自 反応する
- normally　副 ふつう；一般的に
- extend　自 伸びる　他 伸ばす
- post　他 掲示する
- improve　自 改善される；進歩する

頻出問題にトライ！

Questions 1-4 refer to the following press release.

We are pleased to announce the launch of *Race Driver*, our newest ---1.---.

We know that our customers have been waiting for it for over 18 months, because we have a large number of e-mails from them asking about its release. ---2.---.

We are confident that players will enjoy their experience. ---3.--- will explore an entirely new level of entertainment that includes a fast-paced storyline and exciting characters. See major online and offline outlets for prices and ---4.---.

1. (A) game
   (B) book
   (C) movie
   (D) song

2. (A) You can submit your video to our Web site.
   (B) The deal will be struck soon.
   (C) Let us know your questions or inquiries.
   (D) We certainly appreciate such enthusiasm.

3. (A) They
   (B) Hers
   (C) We
   (D) That

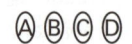

4. (A) availability
   (B) understanding
   (C) renovation
   (D) appreciation

Questions 5-8 refer to the following notice.

The dishwasher in the employee breakroom is broken. ---5.--- are expected, but only next week. The maintenance department has scheduled them for next Friday.

Until then, staff are expected to clean their own cups, plates and other items. We ask all staff to be ---6.--- and not simply leave such items in the sink. A messy kitchen is ---7.--- unprofessional and unsanitary, so cleanups are mandatory. ---8.---.

Thank you in advance for your cooperation

5. (A) repairs
   (B) payments
   (C) images
   (D) forecasts

6. (A) consider
   (B) considerate
   (C) considerable
   (D) considerably

7. (A) both
   (B) neither
   (C) or
   (D) not only

8. (A) We thank you for your input on this decision.
   (B) Remember that our customers always come first.
   (C) Be sure to submit your applications promptly.
   (D) This policy will be enforced by management.

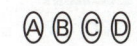

145

正解・解説　難易度 ★〜★★★

Questions 1-4

1. 正解：(A)　単語問題　★

選択肢 Check!　さまざまな名詞が並ぶ「単語問題」である。

解説　選択肢には、商品の種類が並ぶので、*Race Driver* がどんなジャンルの新商品であるかを考える。第3パラグラフに players will enjoy their experience とあるので、「プレイヤー」が関係する商品が何かを考えれば、(A) game（ゲーム）を選ぶことができる。

2. 正解：(D)　文選択　★★

選択肢 Check!　空所は第2パラグラフの最後にあるので、このパラグラフの流れを考えよう。

解説　空所の前の文は「顧客たちが18カ月以上も待っていて、リリースについてのたくさんのメールをもらっている」という内容。**顧客のこうした熱意をenthusiasm で受けて、「このようなご熱意に心より感謝する次第です」としている (D) が正解**。(A) の video（動画）や (B) の deal（取引）はそれまでに記述がない。(C) の「質問や問い合わせをお知らせください」では前文とつながらない。

　(A) お客様はご自分の動画をウェブサイトに投稿できます。
　(B) 取引はまもなくまとまるでしょう。
　(C) 質問や問い合わせをお知らせください。
　(D) このような熱意に心より感謝する次第です。

3. 正解：(A)　文法問題　★

選択肢 Check!　さまざまな代名詞が並ぶ「文法問題」である。

解説　空所の文は「〜は展開の早いストーリーと刺激的なキャラクターを含む、まったく新しい水準のエンタテインメントを追求することになる」。**ここから主語は前文の players であることが予測できる。players は三人称で複数。これを受ける代名詞は (A) They である**。

4. 正解：(A)　単語問題　★★

選択肢 Check!　さまざまな名詞が並ぶ「単語問題」である。

解説　この文は「価格と〜につきましては、オンライン店舗と実店舗でお確かめください」で、**「価格」と並列できる単語でないといけない。選択肢で「価格」と並列して適当なのは (A) availability（在庫）である**。他の選択肢は、(B) understanding（理解）、(C) renovation（改修）、(D) appreciation（感謝；評価）。

第2章 パート別まるごと対策

> **訳**

設問1～4は次のプレスリリースに関するものです。

私どもは、新作❶ゲーム『レースドライバー』のリリースを発表できることを喜ばしく思います。

お客様が18カ月以上にもわたってこのゲームの発売を心待ちにされていたことを、私どもは承知しております。リリースについて、お問い合わせのたくさんのメールを受け取っていたのですから。❷このようなご熱意に心より感謝する次第です。

私どもは、❶プレイヤーのみなさんに楽しんでいただけるものと自信をもっております。❸プレイヤーは、展開の早いストーリーと刺激的なキャラクターを含む、まったく新しい水準のエンタテインメントを追求することになるでしょう。価格と❹在庫につきましては、オンライン店舗と実店舗でお確かめください。

● 問題文
- be pleased to ～することを嬉しく思う
- announce 他 発表する
- release 名 発売；発表
- entirely 副 まったく
- offline outlet 実店舗
- launch 名 発売
- explore 他 探求する
- fast-paced 形 展開の早い

● 選択肢
- submit 他 提出する
- inquiry 名 問い合わせ
- appreciate 他 感謝する
- renovation 名 改装
- strike a deal 取引を成立させる
- certainly 副 本当に
- availability 名 在庫

正解・解説

Questions 5-8

5. 正解：(A)　単語問題　★★

選択肢Check! さまざまな名詞が並ぶ「単語問題」である。

解説 前の文で**「社員休憩室の食器洗浄機が壊れている」**と言っている。その状況で「何が予定されている」かを考えると、**(A) repairs（修理）が自然である**。他の選択肢は、(B) payments（支払い）、(C) images（映像；イメージ）、(D) forecasts（予測）。

6. 正解：(B)　品詞識別　★★

選択肢Check! consider の派生語が並ぶ「品詞識別問題」である。

解説 **空所は be の次にあるので、入るのは形容詞**。候補は (B) considerate（思いやりのある）か、(C) considerable（[数量・価値などが] 相当な）。**ここでは all staff（スタッフ全員）という人を形容する役割なので、(B) considerate が適切**。他の選択肢は、(A) consider は動詞で「考える」、(D) considerably は副詞で「かなり；相当」。

7. 正解：(A)　副詞・接続詞　★

選択肢Check! 副詞と接続詞が混在した「文法問題」である。

解説 空所の後には unprofessional and unsanitary と、2つの形容詞が and で並列されている。**この形を導く副詞は both で、〈both A and B〉の形になるとイメージしよう。(A) が正解で、「プロらしくなく、非衛生でもある」となる**。ちなみに、(B) の neither は〈neither A nor B〉（A でも B でもない）、(D) の not only は〈not only A but (also) B〉（A ばかりでなく B もまた）という表現をつくる。

8. 正解：(D)　文選択　★★★

選択肢Check! 「文選択」の問題で、前の文章とのつながりを探ろう。

解説 空所のあるパラグラフは「スタッフに食器類を片づけることを促す」内容である。**これを This policy（この方針）で受けて、「この方針は経営陣により執行されるものです」とすれば、うまくつながる。(D) が正解**。(A) は、input（意見）をスタッフに求めているわけではないので不可。(B) の customers（顧客）や (C) の applications（申込書）は、この文章には出てこないので、いずれも誤り。

(A) この決定への意見をありがとうございます。
(B) いつもお客様第一であることを覚えておいてください。
(C) 申込書をすぐに提出してください。
(D) この方針は経営陣により執行されるものです。

第2章 パート別まるごと対策

訳

設問5～8は次の告知に関するものです。

社員休憩室の食器洗浄機が壊れています。❺修理が予定されていますが、来週になります。管理部は来週の金曜日に修理の予定を設定しています。

そのときまで、社員が自分のカップや皿、その他のものを洗うようにしてください。流しにそうしたものを残さないように、みなさんには❻配慮をお願いいたします。汚れた流しは、プロらしくない❼ですし、非衛生でもあります。ですので、掃除は必須です。❽この方針は経営陣により執行されるものです。

ご協力に前もって感謝いたします。

● 問題文
- employee breakroom　社員休憩室
- plate 名 皿
- unsanitary 形 非衛生的な
- mandatory 形 必須の；義務の
- cooperation 名 協力
- maintenance department　管理部
- sink 名 流し；シンク
- cleanup 名 掃除
- in advance　前もって

● 選択肢
- repair 名 修理
- input 名 意見
- promptly 副 すぐに
- management 名 経営陣；管理職
- forecast 名 予想
- application 名 申込書
- enforce 他 執行する；履行する

頻出ポイントCheck!

[つなぎ言葉]

　文頭にくるつなぎ言葉（接続詞・接続副詞）は、前文からの論理の流れを見極めて選びましょう。以下が代表的なものです。

〈順接〉
- [ ] and（そして）
- [ ] so（だから）
- [ ] therefore（それゆえ）
- [ ] accordingly（それを受けて）
- [ ] consequently（結果として）

〈逆接〉
- [ ] but（しかし）
- [ ] yet（しかし）
- [ ] however（しかしながら）
- [ ] still（にもかかわらず）
- [ ] nonetheless / nevertheless / notwithstanding（それにもかかわらず）
- [ ] even so（それでもなお）

〈付加〉
- [ ] besides（そのうえ）
- [ ] moreover（さらには）
- [ ] furthermore（さらには）
- [ ] likewise（同様に）
- [ ] in addition（それに加えて）

〈時間関係〉
- [ ] then（それから）
- [ ] afterwards（その後で）
- [ ] subsequently（その後で）
- [ ] beforehand（前もって）

〈その他〉
- [ ] or（そうしなければ）**[否定の条件]**
- [ ] otherwise（そうでなければ）**[否定の条件]**
- [ ] in contrast（対照的に）**[比較]**
- [ ] on the other hand（一方では）**[比較]**
- [ ] that is to say（すなわち）**[言い換え]**

[慣用表現]

　Part 6 の文書はメールやレター、広告、報告書などでつくられています。こうした文書では基本的な慣用表現がよく使われます。

- ☐ **I'd appreciate it if** you could reply soon.
  すばやいご返答をお願いいたします。

- ☐ Thank you for your **continued patronage**.
  変わらぬご愛顧に感謝いたします。

- ☐ Please **don't hesitate to** call me with any questions.
  どんなご質問についてもご遠慮なくお電話ください。

- ☐ Feel free to call me **at your convenience**.
  ご都合のいいときに、遠慮なくお電話ください。

- ☐ We **look forward to** serving you next time.
  またのご利用をお待ちしております。

- ☐ **Don't miss** this great opportunity.
  このすばらしい機会をお見逃しなく。

- ☐ **Attached please find** updates for the project.
  プロジェクトの最新情報は添付ファイルをごらんください。

- ☐ Please **let me know** when is convenient for you.
  いつがご都合がいいかお知らせください。

- ☐ Please **take a moment** to fill out the following questionnaire.
  次のアンケートのご記入に少しお時間をお取りください。

- ☐ You **are cordially invited to** attend our next annual conference.
  私どもの次の年次総会に心よりご招待申し上げます。

- ☐ This small gift is **a token of** our appreciation.
  この小さなギフトは私どもの感謝のしるしです。

- ☐ The museum will be closed **until further notice**.
  追っての通知があるまで、博物館は閉鎖いたします。

Part 7 「読解問題」まるわかり！

問題の形式

　長文を読んで、内容把握の設問に答える問題です。設問の選択肢はすべて4つです。長文は15セットあり、シングルパッセージが10セット（Q147-175）、ダブルパッセージ（Q176-185）が2セット、トリプルパッセージ（Q186-200）が3セットという内訳です。

問題の傾向

　Part 7は「読解」というイメージが当てはまりません。ひとことで言えば、英語による**「情報検索」**です。**設問が求める情報を探し当てれば、正解できます。**

　日常のビジネスで遭遇するさまざまなタイプの文章が登場します。**メール、レター、広告、告知、社内回覧、アンケート、予定表、請求書、ニュース、テキストメッセージ、チャット**などです。

　設問にもいくつかのタイプがあります。153〜155ページの一覧を参考にしてください。設問の種類によって、対応も異なりますし、かかる時間も違ってきます。

600点突破のコツ

　600点目標ならPart 7をぜんぶ解ききる必要はありません。3セットくらいの解き残しは問題ありません。**解ける問題で確実に得点することが必要です。**
　シングルパッセージには難しい文章が出ることがあるので、その場合には、スキップしてマルチプルパッセージを優先しましょう。**ダブル・トリプルパッセージには簡単なセットも必ずあります。**
　もちろん、すべての設問についてマークしておくことを忘れずに！

第2章　パート別まるごと対策

解き方の手順　　次の3つのステップで解答しよう。

① 設問文を見て、問われている情報を頭に入れる

▼

② 問題文を頭からぜんぶ読む

▼

③ 各設問の選択肢を選ぶ

★設問ごとに、問われている情報を問題文に当たっていくのは逆に時間がかかります！

時間配分

600点目標の時間配分は**「Part 5, 6 ＝ 23分」「Part 7 ＝ 52分」**を目安にしましょう。

まずこの時間配分で、模擬問題を通して解いてみて、**自分なりの時間配分**を決めておくと本番も冷静に進められます。

設問の設定

Part 7の設問には8種類があります。それぞれのパターンと解答の要領を知っておきましょう。

①文章の目的を問う……○時間かからない

What is the purpose of this letter? （この手紙の目的は何ですか）
Why was this e-mail written? （なぜこのメールが書かれたのですか）

⇨文章の目的を問う設問はまず冒頭部分をチェック。それで、わからなければ、文章全体の流れを見る。

②ピンポイント情報を問う……○時間かからない

Where will the event take place?（このイベントはどこで行われますか）
Who is Ms. Walker?（ウォーカーさんはどんな人ですか）

⇨文章の中でその情報に関する記述を見つけて解答する。most likely で推測させる問題もあるが、ピンポイント情報と同様に解答できる。

③存在しない情報を指摘する……●時間かかる

What ability is NOT required?（どんな能力が必要とされませんか）

⇨文章の中にある情報と選択肢を照合しながら誤答を消していく。最後に残った選択肢が正解になる。時間がかかるので注意！

④関連情報を指摘する……●時間かかる

What is suggested about the company?
（この会社について何が示されていますか）
What is indicated about the author?
（この著者について何が指摘されていますか）

⇨文章中から関連情報を拾い読みする必要がある。情報が散っていることもあるので、時間がかかることが多い。設問では他に、mentioned、stated、be true などの表現も使われる。

⑤単語の意味を問う……○時間かからない

The word "observe" in paragraph 1, line 1, is closest in meaning to
（第1パラグラフ1行目の「observe」という単語に最も意味が近いものは）

⇨文中の単語に最も意味の近いものを選択肢から選ぶ。文脈に沿った意味をつかむことが大切。時間がなくても解けるので、時間切れ間際でもトライする価値あり。

⑥複数の情報を結びつけて解答する（相互参照問題）……●時間かかる

　　ダブルパッセージ、トリプルパッセージに出る設問で、複数の文書の情報を組み合わせないと解けない。

⇨日付や列挙された情報が、設問の対象になることが多い。

第2章　パート別まるごと対策

⑦指定された文を挿入する場所を探す……●時間かかる

In which of the positions marked [1], [2], [3] and [4] does the following sentence best belong?

（次の文は [1][2][3][4] のどの位置に一番よく当てはまりますか）

⇨ 文脈の流れ、ロジック、時間の前後関係、代名詞の指示関係などから最適の位置を決める。

⑧表現の意図を問う……●時間かかる

At 10:58, what does Sharon mean when she writes "Depends on."?

（10時58分にシャロンが「Depends on.」と書くとき、彼女は何を意図していますか）

⇨ 文脈から表現の意図を探る。表現自体はさまざまに解釈できるので、アンサーキーを文脈の中で見つける必要がある。

> ### 言い換えのパターン

Part 7 では、**問題文の表現が、正解選択肢で言い換えられている**ことがほとんどです。この言い換えに注意しましょう。言い換えにはパターンがあります。

①類義語に言い換える
- an account（顧客）　　→　a client（顧客）
- consecutive（連続した）　→　serial, continuous（連続した）
- refund（払い戻す）　　→　reimburse, pay back（払い戻す）

②一般化した表現に言い換える
- venue（開催場所）　　→　location, place（場所）
- proofread a draft（下書きを校正する）
　　　　　　　　　　→　review a document（書類を確認する）
- knives and forks（ナイフとフォーク）
　　　　　　　　　　→　kitchen utensils（台所用品）

Part 7 シングルパッセージ［メール］

Questions 1-3 refer to the following e-mail.

To: Alan Vickers
From: Minako Kimura
Subject: Conference Call
Date: February 7

Alan,

↓ **Q1 文章の目的**
I'm writing to you about the conference call with headquarters that we have set up for tomorrow at 9:30 AM. --[1]-- Mr. McDonnell called me just a few minutes ago and wants to meet me about a potential purchase order early tomorrow morning. --[2]--
↑ **Q2 キムラさんの関連情報**
I was wondering if you could take a few notes for me during the conference call. You could then either e-mail them to me or, if you're using paper, just leave it on my desk. --[3]--

I'm really sorry to burden you with this on such short notice, but I'd really appreciate it if you could help me. --[4]--

Thanks,
Minako

第2章　パート別まるごと対策

解法24 「文章の目的を問う問題」はまず冒頭に注目する。

▶ 冒頭でわからなければ、文の流れを押さえる。

1. What is the main purpose of the message?
   (A) To change an agenda
   (B) To set up an appointment
   (C) To submit an update
   (D) To request a favor

> purpose は「文章の目的」を問う問題の目印になる。

解法25 「関連情報を指摘する問題」は文章全体から拾い読み。

▶ Ms. Kimura の情報をチェックする。

2. What is indicated about Ms. Kimura?
   (A) She has to transfer to headquarters.
   (B) She has to set up a conference.
   (C) She has to take more notes.
   (D) She has to change her schedule.

> is indicated about は「関連情報問題」の目印になる。

解法26 「文挿入の問題」はキーワードや文脈の流れ、指示関係に注目する。

▶ Therefore と miss our meeting が文脈をつかむキーワードになる。

3. In which of the positions marked [1], [2], [3] and [4] does the following sentence best belong?

"Therefore, I think I'll have to miss our meeting."

   (A) [1]
   (B) [2]
   (C) [3]
   (D) [4]

> 「会議に出られない」「理由」を示す文が、前にあるはず。

Part 7

157

正解・解説

1. 正解：(D)　文章の目的　★

情報検索Point!　「このメッセージの目的」を探します。

解説　第1パラグラフ冒頭で用件は「明日の午前9時30分に設定されている本社との電話会議」についてだと切り出し、第2パラグラフの初めで「電話会議の間、簡単な議事録をとってもらえないか」と依頼をしている。**これを簡潔に「お願いをすること」と言い換えた (D) が正解です。**

2. 正解：(D)　関連情報　★★

情報検索Point!　「Ms. Kimura について指摘されていること」を探ります。

解説　Ms. Kimura はメール発信者の From: Minako Kimura より、このメールを書いた当人です。第1パラグラフの Mr. McDonnell 〜 wants to meet me about a potential purchase order early tomorrow morning. Therefore, I think I'll have to miss our meeting より、彼女は「Mr. McDonnell に会うので、会議に出られない」という状況です。**言い換えれば「予定を変更しなければならない」ということなので、(D) が正解になります。**

3. 正解：(B)　文挿入　★★

情報検索Point!　「会議に出席できない」理由を探ります。

解説　挿入対象の文は Therefore, I think I'll have to miss our meeting. とあり、Therefore で結果を導く文です。**「結果として会議に出席できない」わけなので、会議に出席できない理由が直前で説明されているはずです。**「マクドナルドさんが数分前に私に電話をしてきて、明日の朝早くに、可能性のある購入注文に関することで、私と会いたいとのお考えです」がその理由と考えられます。したがって、**挿入対象の文は Mr. McDonnell 〜 early tomorrow morning. の次に入れるのが最適です。(B) [2] が正解となります**

訳

設問1〜3は次のメールに関するものです。

受信者：アラン・ヴィッカーズ
発信者：ミナコ・キムラ
件名：電話会議
日付：2月7日

第 2 章　パート別まるごと対策

アランへ

↓ **Q1 文章の目的**
明日の午前 9 時 30 分に設定している本社との電話会議について書いています。マクドネルさんが数分前に私に電話をしてきて、明日の朝早くに、可能性のある購入注文に関することで、私と会いたいとのお考えです。そのため、私は会議には出席できません。　↑ **Q2 キムラさんの関連情報**
　↑ **Q3 文挿入** —[2]—

電話会議の間、簡単な議事録をとっていただけないでしょうか。後で、それをメールしていただくか、もし紙を使う場合には、それを私のデスクに置いておいてください。

こうした短い知らせで、この件に関して負担をかけるのを申し訳なく思います。しかし、手助けしていただければ本当にありがたいです。

ありがとう
ミナコ

1. このメッセージの主な目的は何ですか。
    (A) 議題を変えること
    (B) 約束を設定すること
    (C) 最新報告を提出すること
    (D) お願いをすること

2. キムラさんについて何が指摘されていますか。
    (A) 彼女は本社に異動しなければならない。
    (B) 彼女は会議を設定しなければならない。
    (C) 彼女はさらに議事録を取らなければならない。
    (D) 彼女は予定を変更しなければならない。

3. 次の文は [1][2][3][4] のどの位置に一番よく当てはまりますか。
    「そのため、私は会議には出席できません」

● 問題文
- conference call　電話会議
- potential　形 可能性のある
- therefore　副 それゆえに
- I was wondering if　〜していただければありがたい
- take notes　議事録を取る
- burden　他 負担をかける
- I'd really appreciate it if　〜してもらえることに感謝する
- headquarters　名 本社
- purchase order　購入注文
- miss　他 欠席する
- either A or B　AかBのどちらか
- notice　名 お知らせ

● 設問・選択肢
- agenda　名 議題
- update　名 最新情報
- transfer　自 異動する
- submit　他 提出する
- request a favor　お願いをする

Part 7 ダブルパッセージ［告知＋スケジュール］

Questions 1-5 refer to the following notice and schedule.

Redford City
Department of Transportation

Attention

Upcoming Closures

The Senstak Tunnel will be closed from March 30 to November 1, so that long-needed repairs and upgrades to the structure can be made. The tunnel will be closed to all road traffic, tram and bus lines.

Road detours will be marked by street signs near the tunnel entrance and on the streets leading up to it. Drivers can find suggested alternate routes on our Web site. They are advised to plan ahead, keeping in mind that, with the tunnel closed, they may have to allow for extra time to reach their destinations. This also applies to commuters using public transportation.

Notices with further details on this closure will be posted soon. We thank the public for its patience as we administer this project.

第2章 パート別まるごと対策

Redford Bus 27
Local Service
A.M. Schedule

列挙された情報は「相互参照」問題のターゲットになる。

Stop	Time	Note
Barklee Street	5:30 A.M.	Weekdays only ↑Q4 (D) ある
Federal Station ↑Q4 (B) ある	7:00 A.M.	Transfer center to trams, other bus lines
Addison Road	8:20 A.M.	New stop
Ninth Street	No service	Due to closure ↑↓Q4 (A) ある
Senstak Tunnel Entrance	No service	Due to closure
Cuvier Street ↑Q5 相互参照	10:45 A.M.	Service only during Senstak Tunnel repairs
Rallto Street	11:15 A.M.	Weekdays only ↑Q4 (D) ある

Part 7

161

解法 27 「ピンポイント情報問題」は カギになる情報を見つければ解ける。

▶「トンネルを閉鎖する理由」を探る。

1. Why does the city plan to close the Senstak Tunnel?
   (A) To test the road inside of it
   (B) To repair some nearby tram lines
   (C) To make some structural improvements
   (D) To replace it with a different structure

   このキーワードで情報を探す。

▶「drivers に求められていること」を探す。

2. According to the notice, what are drivers suggested to do?
   (A) Remember to commute safely
   (B) Make proper travel preparations
   (C) Watch for newly-installed toll booths
   (D) Use public transportation whenever possible

   このキーワードで情報を探す。

解法 28 「単語問題」は文脈での意味を考える。

▶ 文脈に合う意味の類義語を、選択肢から選ぶ。

3. In the notice, the word "administer" in paragraph 3, line 2, is closest in meaning to
   (A) judge
   (B) secure
   (C) fund
   (D) manage

第2章 パート別まるごと対策

> **解法 29**　「NOT問題」は消去法で
> 問題文と一致する選択肢を消していく。

▶ 情報がちらばっていることもあるので注意！

4. What is NOT mentioned in the schedule?
   (A) Service interruptions
   (B) Transfer locations
   (C) Fare cards
   (D) Weekday-only service

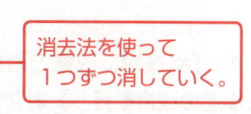

消去法を使って
1つずつ消していく。

> **解法 30**　「相互参照問題」は複数の文章の情報を組み合わせる。
> 「おおまかな情報」＋「具体的な情報」で正解が出る。

▶ 情報が並ぶところは相互参照問題の可能性がある！

5. When can people board the bus at Cuvier Street?
   (A) In January
   (B) In February
   (C) In September
   (D) In December

① まず「Schedule」から
　Cuvier Street の運行情報を見る。
　▼
② 「いつ」のヒントを見つける。
　▼
③ 「Notice」から「いつ」を特定する。

163

正解・解説

1. 正解：(C)　ピンポイント情報　★★

情報検索Point!「Senstak Tunnel を閉鎖する理由」を探します。

解説　告知の第1パラグラフの The Senstak Tunnel will be closed ～ , so that long-needed repairs and upgrades to the structure can be made. に注目します。トンネルを閉鎖するのは「構造物に改修と刷新をするため」であることがわかります。**「構造物に改修と刷新をする」を make some structural improvements（構造の改良を行う）と言い換えた (C) が正解です。**

2. 正解：(B)　ピンポイント情報　★

情報検索Point!「ドライバーに推奨されていること」を探します。

解説　第2パラグラフに Drivers can find suggested alternate routes on our Web site. They are advised to plan ahead ～と書かれています。**plan ahead は「前もって計画する」という意味なので、「適切な移動の準備をする」としている (B) が正解になります。**

3. 正解：(D)　単語問題　★★

情報検索Point!「administer」の文脈での意味を考えます。

解説　We thank the public for its patience as we administer this project. で使われています。**project は「トンネルの改修工事」のことなので、administer は「管理する；統括する」という意味で使われていると推測できます。これに最も近いのは、(D) manage（管理する）です。**

4. 正解：(C)　NOT問題　★★

情報検索Point!「スケジュールに記されていないこと」を消去法で絞ります。

解説　(A)「運行の中断」は Ninth Street / No service / Due to closure などに、(B)「乗り換えの地点」は Federal Station / 7:00 A.M. / Transfer center to trams, other bus lines に、(D)「平日のみの運行」は Barklee Street / 5:30 A.M. / Weekdays only や Rallto Street / 11:15 A.M. / Weekdays only にそれぞれ対応します。**(C)「運賃カード」だけが記述がなく、これが正解。**

5. 正解：(C)　相互参照　★★★

情報検索Point!「Cuvier Street でバスに乗れる月」を探します。

解説　「スケジュール」から Cuvier Street では「トンネルの改修工事期間のみ」バスが利用できます。**一方、「告知」の closed from March 30 to November 1 から、改修工事は「3月30日から11月1日」です。この間の (C)「9月」が正解。**

第2章　パート別まるごと対策

> 訳

設問1〜5は次の告知とスケジュールに関するものです。

> 告知

ベッドフォード市
交通局

ご案内

近日予定の閉鎖
↓ **Q1 トンネルを閉鎖する理由**
センスタック・トンネルは、長らく必要とされてきた構造物への改修と刷新を行うため、3月30日から11月1日まで閉鎖となります。すべての道路交通、トラム、バス路線が同トンネルを使用できなくなります。↑ **Q5 相互参照**

迂回道路については、トンネルの入り口近くとトンネルに向かう通りに設置する標識により案内されます。ドライバーは、当局のウェブサイトで推奨される迂回ルートを確認できます。ドライバーのみなさまは、前もって計画して、トンネルが閉鎖されているので目的地にたどり着くのに多めの時間がかかることをご考慮ください。公共交通機関を利用する通勤者も同様です。↑ **Q2 driversに求められていること**

この閉鎖についてのさらに詳しい情報のお知らせは、まもなく発表されます。このプロジェクトを管理するに当たり、みなさまのご寛容に感謝いたします。
　　　　　Q3 文脈での意味

> スケジュール

ベッドフォードバス27番線
普通運行
午前の時刻表

バス停	時刻	注記
バークリー通り	午前 5:30	平日のみ ↑ **Q4 (D) ある**
フェデラル駅 ↑ **Q4 (B) ある**	午前 7:00	乗り換えセンター（トラム、他のバス路線へ）
アディソン通り	午前 8:20	新バス停
9番通り	運行なし	閉鎖のため
センスタック・トンネル入り口	運行なし	閉鎖のため
キュビアー通り	午前 10:45	運行はセンスタック・トンネル改修期間に限定 ↑ **Q5 相互参照**
ラルト通り	午前 11:15	平日のみ ↑ **Q4 (D) ある**

Q4 (A) ある ↑↓

1. なぜ市はセンスタック・トンネルの閉鎖を計画しているのですか。
    (A) その内部の道路を検査するため
    (B) 近くのトラム路線を改修するため
    (C) 構造の改良を行うため
    (D) それを別の構造に転換するため

2. この告知によれば、ドライバーは何をすることが推奨されていますか。
    (A) 安全に通勤することを念頭に置く
    (B) 適切な移動の準備をする
    (C) 新しく設置される料金所をよく見る
    (D) 可能なときはいつでも公共交通機関を利用する

3. 告知の第3パラグラフ2行目の「administer」に最も意味が近いのは
    (A) 判断する
    (B) 確保する
    (C) 資金供給する
    (D) 管理する

4. 時刻表に書かれていないのはどれですか。
    (A) 運行の中断
    (B) 乗り換えの地点
    (C) 運賃カード
    (D) 平日のみの運行

5. キュビアー通りではいつバスに乗れますか。
    (A) 1月
    (B) 2月
    (C) 9月
    (D) 12月

第2章　パート別まるごと対策

● 告知
- [ ] department 名 部門
- [ ] upcoming 形 近日予定の
- [ ] so that ～するために
- [ ] upgrade 名 刷新
- [ ] detour 名 迂回；回り道
- [ ] lead up to ～に向かう
- [ ] alternate 形 代わりの
- [ ] keep in mind that ～することを考慮する
- [ ] extra 形 余分の
- [ ] apply to ～に適用される
- [ ] public transportation 公共交通機関
- [ ] patience 名 忍耐
- [ ] transportation 名 交通（機関）
- [ ] closure 名 閉鎖
- [ ] repair 名 改修
- [ ] structure 名 構造
- [ ] street signs 道路標識
- [ ] suggest 他 推奨する
- [ ] ahead 副 あらかじめ
- [ ] destination 名 目的地
- [ ] commuter 名 通勤者
- [ ] post 他 公表する；掲示する
- [ ] administer 他 管理運営する

● スケジュール
- [ ] transfer 名 乗り換え
- [ ] due to ～という理由で

● 設問・選択肢
- [ ] nearby 形 近くの
- [ ] improvement 名 改良
- [ ] commute 自 通勤する
- [ ] install 他 設置する
- [ ] fund 他 資金提供する
- [ ] location 名 場所；地点
- [ ] board 他 乗り込む
- [ ] structural 形 構造的な
- [ ] replace A with B　AをBと交換する
- [ ] proper 形 適当な
- [ ] secure 他 確保する
- [ ] interruption 名 中断
- [ ] fare 名 運賃

Part 7

頻出問題にトライ！

[シングルパッセージ]

Questions 1-3 refer to the following advertisement.

Maxi Club
www.maxiclub.biz

Only €29.99 per month!
No registration fee!

Sign up using the Web site above to get 50% off your first month. Memberships can be used at any of our outlets throughout the European Union and beyond!

Our members receive free:

- Access to the most modern weights, running machines, and other equipment
- Parking on our extensive lot
- Tips on health and exercise from our in-house trainers
- Yoga, swimming, and other group classes
- Usage of our basketball and racquetball courts
- Wi-Fi on our premises

We also maintain Maxi Club Kids™ daycare center for busy parents!* Come find out why people throughout Europe are turning to us.

*Subject to additional fee

第2章 パート別まるごと対策

1. What type of business most likely is Maxi Club?
   (A) A hotel
   (B) A fitness chain
   (C) A travel agency
   (D) A shopping outlet   Ⓐ Ⓑ Ⓒ Ⓓ

2. According to the advertisement, what is NOT offered to members free?
   (A) Group courses
   (B) Healthy snacks
   (C) Equipment usage
   (D) Internet service   Ⓐ Ⓑ Ⓒ Ⓓ

3. According to the advertisement, why may some members have to pay an additional fee?
   (A) For expert guidance
   (B) For parking space
   (C) For European taxes
   (D) For care of children   Ⓐ Ⓑ Ⓒ Ⓓ

頻出問題にトライ！

[トリプルパッセージ]

Questions 4-8 refer to the following advertisement, e-mail and list.

Research Center Manager
San Francisco
Shander Laboratories, Inc.

We are looking for a highly experienced individual to take responsibility for this facility. The person ultimately chosen to lead this facility will have the capacity to recruit future exceptional talent, inspire staff to innovate, control the direction of major research, and effectively communicate with senior executives, including the board of directors.

All applicants must have:
- A graduate degree in math, chemistry, engineering or another natural or applied science
- At least five years of management experience
- A proven track record in overseeing the development of industry-leading innovations and/or patent development
- References available

This opening is for applicants worldwide. Only the most capable will be selected.

To: Charles Hampton
From: Suneeta Agarwal
Date: August 9
Subject: San Francisco Research Center Manager Applicants

Charles,

Thank you for sending me the shortlist of candidates who have made it through the first stage of the interviews.

After some consideration, I also want another person who passed the initial interview stage added to the shortlist: Ms. Djamila Al-Harthi. I know that she lacks one of the requirements listed for the position, but I still want a chance to interview her based on her outstanding research and academic accomplishments.

I also see that nearly all of the applicants live 50 miles or more beyond our research and development center, so we will have to cover their transportation expenses. I want you to try to get a significant discount, however, from our primary online travel agency, Hane Regency Travel Co. Then, you have to contact the applicants directly to confirm their hotels and flights. I want to interview the local candidate last.

After all the above is done, please send me a final shortlist of candidates.

Thanks,
Suneeta Agarwal
Chief Research Officer
Shander Laboratories, Inc.

頻出問題にトライ！

Shortlist of Candidates
Research Center Manager
Shander Laboratories, Inc.

Mr. Darin Jones (New York City):
Graduate degree in chemistry. Ten years' experience as product development manager, Yanci Steel Co. Led teams that consistently innovated products and processes. Developer or co-developer of 9 patents. References as necessary.

Mr. Henrique Andrade (Sao Paulo):
Graduate degree with dual majors, chemical engineering and materials science. Seven years as research and development assistant director, Pallan Textiles, Inc. Developer of three patents. References as necessary.

Ms. Katerina Eisenberg (Moscow):
Graduate degrees in both business management and materials science. Eight years' experience as research manager, EM Semiconductor, Inc. Co-developer of 7 patents. References as necessary.

Mr. Duong Nguyen (San Francisco)
Graduate degrees in both industrial engineering and chemistry. 16 years' experience as research director, Jank Plastics. References as necessary.

Ms. Djamila Al-Harthi (Dubai)
Graduate degrees in math and chemistry. Developer or co-developer of 6 patents. Senior professor, Kingdom University. References as necessary.

4. According to the advertisement, what is a responsibility of the research center manager?
   (A) Selecting goals
   (B) Increasing budgets
   (C) Contacting the public
   (D) Sitting on the board
   Ⓐ Ⓑ Ⓒ Ⓓ

5. In the advertisement, the word "capable" in paragraph 3, line 1, is closest in meaning to
   (A) comfortable
   (B) allowable
   (C) talented
   (D) powerful
   Ⓐ Ⓑ Ⓒ Ⓓ

6. What will Hane Regency Travel Co. be asked to do?
   (A) Contact candidates
   (B) Review some lists
   (C) Offer lower prices
   (D) Post a schedule online
   Ⓐ Ⓑ Ⓒ Ⓓ

7. Who will be interviewed last?
   (A) Darin Jones
   (B) Henrique Andrade
   (C) Katerina Eisenberg
   (D) Duong Nguyen
   Ⓐ Ⓑ Ⓒ Ⓓ

8. What job requirement does Ms. Al-Harthi lack?
   (A) Graduate degrees
   (B) Necessary references
   (C) Proof of innovation
   (D) Leadership experience
   Ⓐ Ⓑ Ⓒ Ⓓ

正解・解説

難易度 ★〜★★★

Questions 1-3

1. 正解:(B)　推測問題　★

情報検索Point! Maxi Club が「どんなタイプのビジネス」かを考える。

解説　サービスを列挙した部分の・Access to the most modern weights, running machines, and other equipment と・Yoga, swimming, and other group classes に注目。**「ウエイトやランニングマシン」「ヨガや水泳のクラス」**から、**(B)「フィットネスチェーン」**が最適である。

2. 正解:(B)　NOT 問題　★★

情報検索Point!「会員に無料で提供されないもの」を特定する。NOT 問題なので、消去法を使おう。

解説　(A) Group courses は Yoga, swimming, and other group classes に、(C) Equipment usage は Access to the most modern weights, running machines, and other equipment に、(D) Internet service は Wi-Fi on our premises にそれぞれ対応する。**(B) Healthy snacks（健康的なスナック）だけが、記述がないのでこれが正解になる。**

3. 正解:(D)　ピンポイント情報　★

情報検索Point! 会員が「追加料金を払わなければならない理由」を探す。

解説　最後にある We also maintain Maxi Club Kids™ daycare center for busy parents!*（私どもはまた、多忙な親のためにマキシ・クラブ・キッズ* という保育センターを運営しております）と、その注記である *Subject to additional fee（追加料金がかかります）に注目する。ここから、**(D)「子供の世話のため」**が**正解とわかる。**

訳

設問1〜3は次の広告に関するものです。

マキシ・クラブ
www.maxiclub.biz

1カ月たった29.99ユーロ！
登録料なし！

上記のウェブサイトを使ってご登録をしていただければ、最初の月は50％割引になります。会員資格は、ヨーロッパ域内および域外の私どものどの店でも有効です。

第2章　パート別まるごと対策

会員は以下を無料でご利用いただけます：
　↓ **Q1 ビジネスの種類　Q2 (C) ある**
・最新のウエイト、ランニングマシン、その他の機器の使用
・広い駐車場への駐車
・専属トレーナーからの健康と運動についてのアドバイス
・ヨガ、水泳などのグループ・クラス　← **Q1 ビジネスの種類　Q2 (A) ある**
・バスケットボールとラケットボールのコートの使用
・施設での WiFi 接続　← **Q2 (D) ある**

私どもはまた、多忙な親のためにマキシ・クラブ・キッズという保育センター* を運営しております。なぜヨーロッパ中の人が私どもを選ぶのかをお確かめください。
　⇅ **Q3 追加料金の理由**
* 追加料金がかかります

1. マキシ・クラブはどんな種類のビジネスでしょうか。
   (A) ホテル　　　　　　　　　　　(B) **フィットネスチェーン**
   (C) 旅行代理店　　　　　　　　　(D) 小売店

2. この広告によると、会員に無料で提供されないものは何ですか。
   (A) グループ・クラス　　　　　　(B) **健康的なスナック**
   (C) 機器の使用　　　　　　　　　(D) インターネット・サービス

3. この広告によると、会員の何人かはなぜ追加料金を支払う必要があるのですか。
   (A) 専門家のアドバイスのため　　(B) 駐車場のため
   (C) ヨーロッパの税金のため　　　(D) **子供の世話のため**

● 問題文
□ per　前 ～につき
□ sign up　登録する
□ outlet　名 店；小売店
□ and beyond　さらに越えて
□ equipment　名 機器
□ lot　名 用地
□ premises　名 敷地
□ daycare center　保育施設
□ subject to　～を被る；～がかかる

□ registration fee　登録料
□ membership　名 会員資格［権］
□ throughout　前 ～中で
□ access to　～の使用
□ extensive　形 広い
□ in-house　形 社内の
□ maintain　他 運営する
□ turn to　～に向かう
□ additional fee　追加料金

● 設問・選択肢
□ travel agency　旅行代理店
□ care　名 世話

正解・解説

Questions 4-8

4. 正解：(A)　ピンポイント情報　★★

情報検索Point!「the research center manager の職責」を探す。

解説「広告」の第1パラグラフ2行目の The person ultimately chosen to lead this facility will have the capacity to の後にこの職務の内容が列記されている。**control the direction of major research（主要な研究の方向を管理する）を言い換える**と (A) Selecting goals（目標を選択する）になるので、これが正解。

5. 正解：(C)　単語問題　★★

情報検索Point!「広告」で「capable」の文脈での意味を考える。

解説 Only the most capable will be selected. で使われている。「選ばれる」わけなので、**capable は「（人が）有能な」という意味**と判断できる。capable の後ろに candidate（候補者）が省略されていると考えよう。**(C) talented（才能がある）が最適**。

6. 正解：(C)　ピンポイント情報　★

情報検索Point!「Hane Regency Travel Co. がするように求められること」を探す。

解説 Hane Regency Travel Co. は、「メール」の第3パラグラフに I want you to try to get a significant discount, however, from our primary online travel agency, Hane Regency Travel Co. と出てくる。**「ディスカウントの要請がありそうだ」と読める**ので、「安い価格を提供する」という (C) が正解。

7. 正解：(D)　相互参照　★★★

情報検索Point!「最後に面接を受ける人」を探す。

解説「メール」の第3パラグラフに I want to interview the local candidate last. と、**「local candidate（地元の候補者）を最後にしたい」**と書いている。地元はどこかというと、「広告」の冒頭より San Francisco である。最後に「候補者リスト」の **Mr. Duong Nguyen (San Francisco)** から、Mr. Duong Nguyen が「最後に面接を受ける人」と特定できる。(D) が正解。

8. 正解：(D)　相互参照　★★

情報検索Point!「Ms. Al-Harthi が欠いている job requirement（業務資格）」を探す。

解説「広告」に列挙された4つの業務資格と、「候補者リスト」の Ms.

第2章　パート別まるごと対策

Djamila Al-Harthi のプロフィールを照合していくと、**この人には「企業での管理職の経験」がなく、(D) Leadership experience（指導者の経験）を欠いていることがわかる。**

訳

設問4～8は次の広告、メール、リストに関するものです。

広告

研究センター・マネージャー
サンフランシスコ　←**Q7 相互参照**
シャンダー・ラボラトリーズ社

当社は、この施設で責任を果たす経験豊富な人を求めています。この施設を率いるのに最終的に選ばれた人は、将来のきわめて有望な人材を採用し、スタッフに創造力を発揮させ、主要な研究の指揮を執り、取締役会を含む上級管理職としっかりと意思疎通を図ることができなければなりません。
　　　　　　　　　　　　　　　　　Q4 職責

候補者全員に求められるもの：
・数学または化学、工学、その他の自然科学または応用科学の修士号
・5年以上の管理職の経験　←**Q8 相互参照**
・工業部門の技術開発および（または）特許開発の進行管理の確実な実績
・推薦人がいること

この求人は世界中の候補者が対象です。最も有能な者ひとりが選ばれます。
　　　　　　　　　　　　↑ **Q5 単語問題**

正解・解説

メール

受信者：チャールズ・ハンプトン
発信者：スニータ・アガルウォル
日付：8月9日
件名：サンフランシスコ研究センター・マネージャー応募者

チャールズ

　一次面接を通過した候補者の選抜名簿を送っていただき、ありがとうございます。
　少し検討しまして、選抜名簿に一次面接通過者をもうひとり加えたいと思います。ジャミラ・アルーハーティさんです。彼女が職務要件の1つを欠いていることは承知していますが、彼女は研究と学業の類い希な実績を有しているので、面接する機会をもちたいと思います。
　また、候補者のほとんど全員が我々の研究開発センターから50マイル以上も離れて暮らしているので、我々は彼らの交通費を支給しなければならないでしょう。しかし、我々がよく利用するオンライン旅行会社のヘイン・リージェンシー・トラベル社からかなりのディスカウントを受けられるでしょうから、それを試してください。その後で、候補者に直接連絡をとって、彼らのホテルとフライトを確認してください。私は地元の候補者には最後に面接したいと思っています。

　　　Q6 旅行会社への要請　　　　　　　　↑ **Q7 相互参照**

　上記が完了したら、候補者の最終選抜リストを送ってください。

ありがとう。
スニータ・アガルウォル
最高研究責任者
シャンダー・ラボラトリーズ社

> **リスト**

候補者の選抜リスト
研究センター・マネージャー
シャンダー・ラボラトリーズ社

デイリン・ジョーンズ（ニューヨーク市）
化学の修士号。ヤンシ・スチール社で製品開発マネージャーとして10年の経験。製品と工程を一貫して革新するチームを率いる。9件の特許の開発者または共同開発者。必要に応じて推薦者の提出可。

エンリケ・アンドラーデ（サンパウロ）
化学工学と材料科学の複数選考の修士号。パラン・テキスタイルズ社で研究開発副部長を7年間務める。3件の特許の開発者。必要に応じて推薦者の提出可。

カタリナ・アイゼンバーグ（モスクワ）
経営管理と材料科学の双方の修士号。EMセミコンダクター社で研究マネージャーとして8年間務める。7件の特許の共同開発者。必要に応じて推薦者の提出可。

ドゥオン・グエン（サンフランシスコ）　← **Q7 相互参照**
産業工学と化学の双方の修士号。ジャンク・プラスチックスの研究部長として16年間の経験。必要に応じて推薦者の提出可。

ジャミラ・アル‐ハーティ（ドバイ）　↓ **Q8 相互参照**
数学と化学の修士号。6件の特許の開発者または共同開発者。王立大学の主任教授。必要に応じて推薦者の提出可。

正解・解説

4. この広告によると、研究センター・マネージャーの職責はどれですか。
   (A) 目標を設定すること
   (B) 予算を増やすこと
   (C) 一般の人と接触すること
   (D) 取締役会に就任すること

5. 広告の中で、第3パラグラフ1行目の「capable」に最も意味が近いのは
   (A) 快適な
   (B) 許される
   (C) 能力のある
   (D) 力のある

6. ヘイン・リージェンシー・トラベル社は何をすることを求められますか。
   (A) 候補者に連絡する
   (B) リストを検討する
   (C) 安い価格を提供する
   (D) ネットにスケジュールを掲載する

7. 最後に面接を受けるのはだれですか。
   (A) デイリン・ジョーンズ
   (B) エンリケ・アンドラーデ
   (C) カタリナ・アイゼンバーグ
   (D) ドゥオン・グエン

8. アル‐ハーティ氏はどんな業務要件を欠いていますか。
   (A) 修士号の学位
   (B) 必要な推薦人
   (C) 開発の証明
   (D) リーダーの経験

第2章　パート別まるごと対策

● 広告
- [ ] research 名 研究
- [ ] take responsibility for 〜を任務とする
- [ ] facility 名 施設；設備
- [ ] capacity 名 機能；能力
- [ ] exceptional 形 類い希な
- [ ] board of directors 取締役
- [ ] graduate degree 修士の学位
- [ ] proven 形 折り紙付きの
- [ ] oversee 他 監督する
- [ ] patent 名 特許
- [ ] opening 名 欠員
- [ ] laboratory 名 研究所
- [ ] ultimately 副 最終的に
- [ ] recruit 他 採用する
- [ ] effectively 副 効果的に
- [ ] applicant 名 応募者
- [ ] applied science 応用科学
- [ ] track record 実績；業務経験
- [ ] innovation 名 技術革新
- [ ] reference 名 推薦人

● メール
- [ ] shortlist 名 選抜リスト
- [ ] make it 成功する；通過する
- [ ] requirement 名 要件
- [ ] accomplishment 名 実績
- [ ] significant 形 かなりの
- [ ] candidate 名 候補者
- [ ] initial 形 最初の
- [ ] outstanding 形 際だった
- [ ] transportation expenses 交通費
- [ ] confirm 他 確かめる

● リスト
- [ ] consistently 副 一貫して
- [ ] as necessary 必要に応じて

● 設問・選択肢
- [ ] the public 一般の人
- [ ] post 他 掲示する
- [ ] allowable 形 許される
- [ ] proof 名 証明

Part 7

181

頻出ポイントCheck!

Part 7にはさまざまな文書・テーマが取り上げられますが、文書・テーマによってよく使われる単語・表現があります。まとめてチェックしておきましょう。

[アンケート]

- □ questionnaire / survey　名 アンケート；調査
- □ respondent　名 回答者
- □ fill out　～に記入する
- □ form　名 (記入用の) 書式・フォーム
- □ check box　回答用ボックス；チェックボックス
- □ feedback　名 意見；フィードバック
- □ positive　形 好意的な
- □ negative　形 否定的な
- □ customer satisfaction　顧客満足
- □ consumer　名 消費者
- □ appreciate　他 感謝する
- □ complimentary　形 無料の

[広告]

- □ advertisement　名 広告
- □ promotion　名 販売促進
- □ press release　報道発表；プレスリリース
- □ unveil　他 発表する
- □ launch / release　名 発売 他 発売する
- □ product line　製品ライン
- □ emerge　自 (市場に) 現れる
- □ exclusive　形 独占的な
- □ available　形 購入できる；手に入れられる
- □ competitor　名 競合他社
- □ offer　名 割引販売
- □ sign up for　～に登録する

[買い物]

- ☐ browse 自他 見て回る
- ☐ merchandise 名 商品
- ☐ item 名 品目；商品
- ☐ inventory 名 在庫
- ☐ purchase 名 購入 他 購入する
- ☐ back order 取り寄せ注文
- ☐ competitive price 割安価格
- ☐ top-end 形 最高級の
- ☐ receipt 名 レシート；領収書
- ☐ exchange 他 交換する 名 交換
- ☐ refund / reimburse 他 返金する
- ☐ warranty 名 保証書
- ☐ checkout 名 支払い
- ☐ online shopping ネットショッピング
- ☐ order status 注文状況
- ☐ shipping 名 発送
- ☐ track 名 (商品を) 追跡する

[契約・交渉]

- ☐ contract 名 契約（書）
- ☐ draft 名 草案；ドラフト
- ☐ seal 他 (契約書に) 調印する
- ☐ deal 名 取引
- ☐ terms and conditions 条件
- ☐ party 名 (契約の) 当事者
- ☐ deadline 名 期限；締め切り
- ☐ signature 名 サイン；署名
- ☐ valid 形 有効な
- ☐ renew 他 更新する
- ☐ lawyer / attorney 名 弁護士

頻出ポイント Check!

[会議・イベント]

- □ moderate　他 司会をする
- □ preside over　司会をする
- □ attendee　名 出席者
- □ agenda　名 協議事項；議題
- □ convene　他（会議を）招集する
- □ adjourn　他 散会する；休会する
- □ objection　名 反対意見
- □ vote　他自 採決する
- □ minutes　名 議事録
- □ trade show　展示会；商品見本市
- □ venue　名（イベントなどの）開催場所
- □ reception　名 晩さん会；レセプション

[採用・面接]

- □ applicant　名 応募者
- □ candidate　名 候補者
- □ résumé　名 履歴書
- □ interview　名 面接　他 面接する
- □ reference　名 推薦者
- □ expertise　名 専門知識・技能
- □ proficiency　名 技量
- □ credential　名 能力の証明となるもの；資格
- □ performance　名 実績
- □ requirement　名 要件
- □ degree　名 学位

第3章

ハーフ模擬試験

学習の仕上げに模試にトライしてみましょう。本番の半分のサイズになっています。リスニング・セクションはCD音声にしたがって、リーディング・セクションは38分で解答しましょう。スコア換算表は292ページに、マークシートは293ページに掲載されています。
（注意）このテストのDirectionsは基本的に従来のものを一部変更して使用しています。

リスニング・セクション： CD▶38〜CD▶69 約23分
リーディング・セクション： 解答時間38分

問題 ……………………………………… 186
正解・解説 ……………………………… 224
スコア換算表 …………………………… 292
マークシート …………………………… 293

PART 1 ··· CD)38 ~ CD)41

LISTENING TEST

In the Listening test, you will be asked to demonstrate how well you understand spoken English. The entire Listening test will last approximately 45 minutes. There are four parts, and directions are given for each part. You must mark your answers on the separate answer sheet. Do not write your answers in your test book.

PART 1

Directions: For each question in this part, you will hear four statements about a picture in your test book. When you hear the statements, you must select the one statement that best describes what you see in the picture. Then find the number of the question on your answer sheet and mark your answer. The statements will not be printed in your test book and will be spoken only one time.

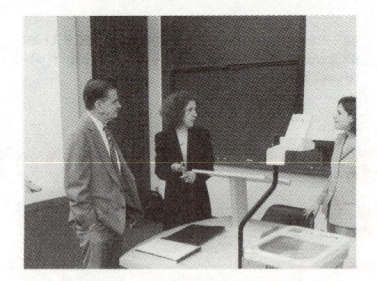

Statement (C), "They're standing near the table," is the best description of the picture, so you should select answer (C) and mark it on your answer sheet.

第3章　ハーフ模擬試験〈問題〉

1.

Ⓐ Ⓑ Ⓒ Ⓓ

2.

Ⓐ Ⓑ Ⓒ Ⓓ

GO ON TO THE NEXT PAGE

3.

Ⓐ Ⓑ Ⓒ Ⓓ

PART 2　　　　　　　　　　　　CD)42 ～ CD)56

PART 2

Directions: You will hear a question or statement and three responses spoken in English. They will not be printed in your test book and will be spoken only one time. Select the best response to the question or statement and mark the letter (A), (B), or (C) on your answer sheet.

4. Mark your answer on your answer sheet.　　Ⓐ Ⓑ Ⓒ
5. Mark your answer on your answer sheet.　　Ⓐ Ⓑ Ⓒ
6. Mark your answer on your answer sheet.　　Ⓐ Ⓑ Ⓒ
7. Mark your answer on your answer sheet.　　Ⓐ Ⓑ Ⓒ
8. Mark your answer on your answer sheet.　　Ⓐ Ⓑ Ⓒ
9. Mark your answer on your answer sheet.　　Ⓐ Ⓑ Ⓒ
10. Mark your answer on your answer sheet.　　Ⓐ Ⓑ Ⓒ
11. Mark your answer on your answer sheet.　　Ⓐ Ⓑ Ⓒ
12. Mark your answer on your answer sheet.　　Ⓐ Ⓑ Ⓒ
13. Mark your answer on your answer sheet.　　Ⓐ Ⓑ Ⓒ
14. Mark your answer on your answer sheet.　　Ⓐ Ⓑ Ⓒ
15. Mark your answer on your answer sheet.　　Ⓐ Ⓑ Ⓒ
16. Mark your answer on your answer sheet.　　Ⓐ Ⓑ Ⓒ
17. Mark your answer on your answer sheet.　　Ⓐ Ⓑ Ⓒ

GO ON TO THE NEXT PAGE

PART 3 CD)57 ~ CD)63

PART 3

Directions: You will hear some conversations between two or more people. You will be asked to answer three questions about what the speakers say in each conversation. Select the best response to each question and mark the letter (A), (B), (C), or (D) on your answer sheet. The conversations will not be printed in your test book and will be spoken only one time.

18. What did the man do yesterday?
    (A) He painted his home.
    (B) He received a delivery.
    (C) He bought an appliance.
    (D) He applied for a store membership. Ⓐ Ⓑ Ⓒ Ⓓ

19. What are the speakers mainly talking about?
    (A) Creating a team
    (B) Negotiating a price
    (C) Setting up a schedule
    (D) Arranging a payment Ⓐ Ⓑ Ⓒ Ⓓ

20. What problem does the man mention?
    (A) He cannot work from home.
    (B) He cannot sign up for classes.
    (C) It is hard for him to find the main office.
    (D) It is difficult for him to leave work early. Ⓐ Ⓑ Ⓒ Ⓓ

21. Where most likely are the speakers?
    (A) At a service desk
    (B) At company offices
    (C) At a construction site
    (D) At a fueling station

22. What does the woman say took place this morning?
    (A) A warehouse became full.
    (B) A supervisor hired a team.
    (C) Boxes of supplies went missing.
    (D) Staff members called in sick.

23. How long is the duration of the assignment?
    (A) About two hours
    (B) About three hours
    (C) About five hours
    (D) About eight hours

24. What are the speakers concerned about?
    (A) A statement contains incorrect figures.
    (B) A company must be notified before they switch.
    (C) A monthly subscription price has been increased.
    (D) A business letter went to the wrong location.

25. What does the woman say about Jorn Telecom?
    (A) Its service may be worse.
    (B) Its main building is nearby.
    (C) It is used by their neighbors.
    (D) It is getting less popular.

26. What will the man most likely do next?
    (A) Get offline
    (B) Compare companies
    (C) Walk to another floor
    (D) File a product complaint

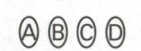

GO ON TO THE NEXT PAGE

27. What does the man ask about?
   (A) Canceling a trip
   (B) Revising an itinerary
   (C) Upgrading a seat
   (D) Locating a machine

28. What does the man give the woman?
   (A) A credit card
   (B) A voided document
   (C) A train number
   (D) An express pass

29. What will the woman do next?
   (A) Call a departure track
   (B) Stamp a passenger ticket
   (C) Print out a document
   (D) Hand over a local tour map

---

30. What is the main topic of the conversation?
   (A) The responsibility of a manager
   (B) The condition of a facility
   (C) The feedback from employees
   (D) The results of a customer survey

31. What do the men imply about the railings?
   (A) They are inexpensive.
   (B) They are unnecessary.
   (C) They are unpopular.
   (D) They are undamaged.

32. What does the woman mean when she says, "That's a given"?
   (A) A gift has been submitted.
   (B) A deposit has been accepted.
   (C) A role has been confirmed.
   (D) A policy has become standard.

Seat Section, Ranked by Luxury Level	Price
Premium	$270
First Class	$220
Business Class	$197
Economy	$170
Super-Economy	$120

33. What does the man ask the woman to do?
    (A) Check a schedule
    (B) Open an account
    (C) Explain a rule
    (D) Find a terminal

34. What does the man say is important?
    (A) Getting home early
    (B) Attending a conference
    (C) Booking a hotel
    (D) Submitting critical documents

35. Look at the graphic. Where will the man be seated on the train?
    (A) Premium class
    (B) First class
    (C) Business class
    (D) Economy class

GO ON TO THE NEXT PAGE

PART 4   CD›64 ~ CD›69

PART 4

Directions: You will hear some talks given by a single speaker. You will be asked to answer three questions about what the speaker says in each talk. Select the best response to each question and mark the letter (A), (B), (C), or (D) on your answer sheet. The talks will not be printed in your test book and will be spoken only one time.

36. What are the instructions for?
    (A) Uploading a map
    (B) Reserving tickets
    (C) Going sightseeing
    (D) Buying electronics   Ⓐ Ⓑ Ⓒ Ⓓ

37. What are the listeners encouraged to do?
    (A) Be considerate of others
    (B) Ask visitors questions
    (C) Turn off their other devices
    (D) Finish within one hour   Ⓐ Ⓑ Ⓒ Ⓓ

38. What is the first step in the process?
    (A) Replacing a screen
    (B) Touching a surface
    (C) Selecting a room
    (D) Deleting other options   Ⓐ Ⓑ Ⓒ Ⓓ

39. Where is the announcement taking place?
   (A) At a bus station
   (B) At an airport
   (C) On a train
   (D) On a ship

40. What is the main purpose of the announcement?
   (A) To apologize for schedule change
   (B) To provide a maintenance update
   (C) To see if there are any volunteers
   (D) To offer a new service to passengers

41. What benefit does the speaker mention?
   (A) A parking validation
   (B) A complimentary upgrade
   (C) A discount for euro payments
   (D) A faster boarding process

---

42. What is indicated about the clinic?
   (A) It is newly opened.
   (B) It has recently relocated.
   (C) It is privately owned.
   (D) It has won treatment awards.

43. What benefit of the clinic is mentioned?
   (A) Low fees
   (B) Modern equipment
   (C) Friendly staff
   (D) Quick care

44. What is being offered for free?
   (A) Experimental pain medicine
   (B) Individual consultations
   (C) National insurance plans
   (D) Limited dental examinations

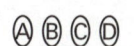

GO ON TO THE NEXT PAGE

45. What is being made?
   (A) Food items
   (B) Electronic devices
   (C) Household furniture
   (D) Industrial equipment   Ⓐ Ⓑ Ⓒ Ⓓ

46. What does the speaker emphasize about the work?
   (A) Managers must act fairly.
   (B) Safety is always the priority.
   (C) Nothing should be touched without gloves.
   (D) Employees should feel free to innovate.   Ⓐ Ⓑ Ⓒ Ⓓ

47. What are the listeners asked to do?
   (A) Interrupt as necessary
   (B) Help the customers
   (C) Watch experienced staff
   (D) Take a short pizza break   Ⓐ Ⓑ Ⓒ Ⓓ

Team Number	Members
One	Leader: Mary Members: Thomas, Eun-young
Two	Leader: Harold Members: Miranda, Renata
Three	Leader: Ahmed Members: Calvin, James
Four	Leader: Susan Members: Marvin
Five	Leader: Arnold Members: Chi, Erin

48. Who most likely are the listeners?
   (A) Maintenance staff
   (B) Construction workers
   (C) Truck drivers
   (D) Inventory managers

49. According to the speaker, what is true about the building?
   (A) It contains only one floor.
   (B) It opens at 6:00 P.M.
   (C) It is energy-efficient.
   (D) It is currently closed.

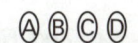

50. Look at the graphic. What team will Lena be on?
   (A) On Team 2
   (B) On Team 3
   (C) On Team 4
   (D) On Team 5

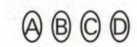

GO ON TO THE NEXT PAGE

PART 5

READING TEST

In the Reading test, you will read a variety of texts and answer several different types of reading comprehension questions. The entire Reading test will last 75 minutes. There are three parts, and directions are given for each part. You are encouraged to answer as many questions as possible within the time allowed.

You must mark your answers on the separate answer sheet. Do not write your answers on your test book.

PART 5

Directions: A word or phrase is missing in each of the sentences below. Four answer choices are given below each sentence. Select the best answer to complete the sentence. Then mark the letter (A), (B), (C), or (D) on your answer sheet.

51. Trendall Pharmaceuticals Co. ------- tests products for an extended time before their release.
    (A) type
    (B) typify
    (C) typical
    (D) typically   Ⓐ Ⓑ Ⓒ Ⓓ

52. Zed Tire Corporation competes on the ------- of both price and quality.
    (A) money
    (B) contract
    (C) basis
    (D) reaction   Ⓐ Ⓑ Ⓒ Ⓓ

53. Tracey Horne works exceptionally hard, ------- is the reason she was promoted to management.
    (A) it
    (B) she
    (C) which
    (D) that

54. The Qapex Glass Co. product catalog ------- online by its marketing department.
    (A) to publish
    (B) being published
    (C) is publishing
    (D) will be published

55. Employees regularly ------- among one another build creativity at Laneer Animations Co.
    (A) to cooperate
    (B) cooperating
    (C) will cooperate
    (D) have been cooperating

56. Ms. Chen told her team members that they would have a full day of seminars -------.
    (A) ahead
    (B) because
    (C) unless
    (D) since

GO ON TO THE NEXT PAGE

57. A notice about upcoming construction at the worksite ------- to encourage local feedback.
(A) to distribute
(B) distributes
(C) was distributed
(D) is distributing

58. The Physer Way Building offers ------- facilities for firms.
(A) more spaciously
(B) much more spacious
(C) more spaciousness
(D) most space

59. Umber Cement Corporation may ------- its supplier agreements, if it can receive lower prices.
(A) renew
(B) heighten
(C) lease
(D) subscribe

60. Westbrooke Science Museum memberships are available online, ------- from £75 to £900 per year.
(A) to range
(B) will range
(C) ranging
(D) have ranged

61. Central Weather Services keeps travelers aware of any change that could ------- travel through local airports.
(A) reflect
(B) affect
(C) compare
(D) organize

62. ------- Ms. Kubota's department experienced a budget cut, she may not hire any new staff for the rest of the year.

    (A) So that
    (B) Along with
    (C) Given that
    (D) As well as

63. Gensi Electronics engineers can take online courses at company expense, as long as they do not ------- normal work duties.

    (A) take away from
    (B) sign up for
    (C) come up with
    (D) back out of

64. Harriet does not carry ------- cash since she can use her credit or debit card in local outlets.

    (A) little
    (B) much
    (C) these
    (D) several

65. Benefits from Altas Insurance plans are always ------- paid out.

    (A) promptly
    (B) intensively
    (C) respectively
    (D) approximately

GO ON TO THE NEXT PAGE

PART 6

PART 6

Directions: Read the texts that follow. A word, phrase, or sentence is missing in parts of each text. Four answer choices for each question are given below the text. Select the best answer to complete the text. Then mark the letter (A), (B), (C), or (D) on your answer sheet.

Questions 66-69 refer to the following information.

---66.---. The pass has been enclosed in this packet. You can ---67.--- it by dialing 888-555-9091 or by visiting www.nattransportpass.com.

We ---68.--- recommend that you take a few moments to register it. This can be only done at our Web site. Listing your pass there ---69.--- you to receive a quick replacement. This will be important if the card is ever lost or stolen.

66. (A) We apologize for the inconvenience caused to you.
(B) Thank you for purchasing a national transportation pass.
(C) You can also buy a transportation pass online.
(D) Commuters are urged to use public transportation.

67. (A) activate
(B) ship
(C) conduct
(D) track

68. (A) probably
(B) actually
(C) lately
(D) also

69. (A) enabled
(B) will enable
(C) has enabled
(D) is enabling

Questions 70-73 refer to the following advertisement.

Handon Community Center

Many people are looking to change ---70.---. Before doing so, however, it is advisable to go through ---71.---. This is because it is always good to get experts' opinions on work options.

As a public service, we are offering this ---72.--- 9:30 A.M. to 12:30 P.M. on Saturday, October 26. We will have senior professionals from various fields give advice both in seminars and in one-to-one talks. This is free to the public and is something that no one in the workforce should miss.

---73.---.

70. (A) homes
    (B) careers
    (C) suppliers
    (D) medicines

71. (A) translating
    (B) uploading
    (C) consulting
    (D) financing

72. (A) from
    (B) as
    (C) to
    (D) since

73. (A) Supply is limited, so do not delay.
    (B) Memberships are not required to attend.
    (C) Be sure to add this event to your calendar.
    (D) Discounts are available without a card.

GO ON TO THE NEXT PAGE

PART 7

PART 7

Directions: In this part you will read a selection of texts, such as magazine and newspaper articles, letters, and advertisements. Each text is followed by several questions. Select the best answer for each question and mark the letter (A), (B), (C), or (D) on your answer sheet.

Questions 74–75 refer to the following questionnaire.

Speedy One T-Shirt Shop
www.speedy1tees.net
4230 Scott Boulevard
Santa Clara, CA

Questionnaire

We truly value your opinion. By answering the questions below, you enable us to provide better service.

Is this your first time at our store?   [X] Yes [ ] No

Please rate the following on a scale of one—five, "1" being poor and "5" being outstanding.

Helpfulness of staff: [X] 1 [ ] 2 [ ] 3 [ ] 4 [ ] 5
Cleanness of store: [ ] 1 [ ] 2 [ ] 3 [ ] 4 [X] 5
Selection of brands: [ ] 1 [X] 2 [ ] 3 [ ] 4 [ ] 5
Prices of items: [ ] 1 [ ] 2 [ ] 3 [ ] 4 [X] 5
Location of outlet: [ ] 1 [ ] 2 [ ] 3 [ ] 4 [X] 5

Were all of your questions answered by staff?
[ ] Yes [X] No

Were you satisfied with your experience at our store today?
[ ] Yes [X] No

Did you have any unresolved complaints or problems?
[X] Yes [ ] No

We welcome your comments on the lines below:

I was looking for two or three popular brands. I really wanted to get one of these for my daughter, but I didn't see any in stock. Your store clerks could not tell me when these brands might be available.

Optional:
Name: Christopher Grimes
E-mail: christopher272@zeronet.com
Home or mobile phone: 408-555-3762
May we contact you with follow-up questions?
[ ] No, do not contact me.
[X] Yes, please contact me by:
    [X] E-mail [ ] phone number listed above

74. For whom is the questionnaire most likely intended?
    (A) Store employees
    (B) Retail shoppers
    (C) News media
    (D) Clothing designers

75. What is one complaint that Mr. Grimes has about Speedy One T-shirt Shop?
    (A) The cleanness of the store
    (B) The prices of the brands
    (C) The items that are not available
    (D) The location of the outlet

GO ON TO THE NEXT PAGE

Questions 76–78 refer to the following text message chain.

Sharon: Time: 10:40 A.M.

I have to step out to see a client. I'll be back later.

Allen: Time: 10:43 A.M.

Understood. Do you want me to cancel the 1:00 P.M. cost control committee meeting? You're chairing it.

Sharon: Time: 10:47 A.M.

No, but reschedule it to 4:00 P.M. I should be back by then.

Allen: Time: 10:52 A.M.

Okay, I'll inform everyone on the committee of the change.

Sharon: Time: 10:58 A.M.

Also, check to see that we can use the same room. Someone else may have reserved it. You never know.

Allen: Time: 11:04 A.M.

I will, but what if someone else has taken it?

Sharon: Time: 11:09 A.M.

Then change it to another conference room. If none are open, we can meet in my office.

Allen: Time: 11:11 A.M.

Okay, I'll get on that.

76. What is suggested about the cost control committee?
   (A) Its gathering should be moved to another hour.
   (B) Its members are unable to meet much earlier.
   (C) The attendees will select a new chairperson.
   (D) The agenda for the conference is still being written.

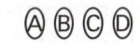

77. At 10:58 A.M., what does Sharon mean when she writes "You never know"?
   (A) More information has been provided.
   (B) A problem is impossible to understand.
   (C) A situation should be looked into.
   (D) An outcome is entirely unexpected.

78. The word "get on" in the last Allen's message is closest in meaning to
   (A) ride
   (B) wear
   (C) pass
   (D) manage

GO ON TO THE NEXT PAGE

Questions 79-81 refer to the following press release.

The 17th Annual Plastics Exhibition will be held at Wattle Convention Center from November 5 through November 18. --[1]-- The exhibition will feature a wide variety of industrial and consumer plastics; many of them will be on display for the first time. --[2]-- Along with some of the largest corporations in the world, there will be a special section reserved for small and midsized firms. --[3]--

Along with the media, over 80,000 people from the research and development, management, supply and purchasing fields are expected to attend. A number of local, national, and international officials are also registered. The event is closed to the general public. --[4]--

Amir Boutros, head of research for Sarkis Plastics, Inc., and the current president of the International Plastics Association, is scheduled to give the keynote address. In an interview last week, he said that he looks forward to discussing recent business and science developments in the industry during his talk.

79. Where would the press release most likely be found?
    (A) In a travel brochure
    (B) In a new product review
    (C) In a business newspaper
    (D) In a consumer report Ⓐ Ⓑ Ⓒ Ⓓ

80. What is NOT mentioned as being included in the exhibition?
    (A) Invitation deadlines
    (B) Media participation
    (C) Government workers
    (D) Entrance restrictions Ⓐ Ⓑ Ⓒ Ⓓ

81. In which of the positions marked [1], [2], [3] and [4] does the following sentence best belong?
    "This space will provide them a special opportunity to show their products."
    (A) [1]
    (B) [2]
    (C) [3]
    (D) [4] Ⓐ Ⓑ Ⓒ Ⓓ

GO ON TO THE NEXT PAGE

Questions 82-85 refer to the following article.

Business Daily
September 29

Wynn University Professor Julia Gruden has accepted a position as head of digital media marketing at Hiya Cola Corporation. Professor Gruden has advanced degrees in both computer engineering and business, and written several books on how corporations and organizations can best promote their products and services.

Professor Gruden said that she accepted the position because the company is committed to developing technically sophisticated marketing approaches, hiring the best talent, using its financial resources effectively, and improving consumer experiences.

In an email statement released to the press, CEO Wu Ming Xia stated that he was confident that Professor Gruden would be "a wonderfully valuable new member of our team." Responses to this change among business media observers has been mainly positive. Cathy Simpson, of *Food Industry Monthly*, wrote on her blog that Professor Gruden's ideas would have a substantial overall impact on the firm.

Professor Gruden is expected to take up her new duties by October 1. Her new compensation was not disclosed. However, it is rumored to be about €750,000, in addition to performance incentives.

82. What is the main purpose of the article?
  (A) To announce a job opening
  (B) To discuss a new executive
  (C) To analyze industry trends
  (D) To compare company managers

83. What is indicated about Julia Gruden?
  (A) Her work has been published.
  (B) Her Web site has been upgraded.
  (C) Her university has been expanded.
  (D) Her compensation has been disclosed.

84. What is NOT mentioned as a goal of Hiya Cola Corporation?
  (A) Using advanced technologies
  (B) Hiring the best staff
  (C) Managing finances well
  (D) Entering new markets

85. Where is Cathy Simpson most likely employed?
  (A) At a magazine
  (B) At a business regulator
  (C) At an IT firm
  (D) At a beverage corporation

GO ON TO THE NEXT PAGE

Questions 86-90 refer to the following itinerary and e-mail.

Itinerary for Mr. Akbar Chutani and family
Number of individuals travelling: 4

Arc Light Tours
www.arclighttours.net

Representative: Francine Weaver, licensed travel agent
E-mail: francine@arclighttours.net
Phone: 214-555-0904

May 8:
Check-in at Ronson Hotel: 6:30 P.M.

May 9:
Tour: Best of the Valley
Description:
Scenic two-deck bus tour of Red Valley. Top deck of bus is open for better views and photographs. Complimentary meal at Suneerlane Inn, next to Arrow Creek.

Pickup at Ronson Hotel: 7:30 A.M.
Drop-off at Bloom Resort: 4:30 P.M.

May 10:
Tour: River Adventure
Description:
Guided leisurely travel down Haka River by canoe. Idyllic riverbank scenery and wildlife. Noon picnic included.

Pickup at Bloom Resort: 7:00 A.M.
Drop-off at Woodside Suites: 3:30 P.M.

May 11-12:
Tour: Klat Forest Journey
Description:
Group leisure hiking during the day, with some of the most breathtaking views in the province. Overnight camping and campfire cookout. All tents and meals provided complimentarily.

Pickup at Woodside Suites: May 11, 7:30 A.M.
Drop-off at Ember House: May 12, 4:30 P.M.

May 13:
Horseback Riding
Description:
Expert guides of Burnside Ranch will teach the basics of horseback riding, and then take the group on a two-hour, slow-paced trot across Vansen Hills.

Pickup at Ember House: 8:00 A.M.
Drop-off at Ember House: 12:30 P.M.

Total for trip:
Airfare: $4,378.99
Accommodations: $1,426.30
Taxes and fees: $192.12
Total due: $5,997.41

Final date to alter itinerary: April 17

To: francine@arclighttours.net
From: akbar.chutani@wizonemail.com
Subject: May tour
Date: April 13

Francine,

Thank you for setting up the itinerary for my family. I know it was not easy during the peak travel season, and on such short notice. We look forward to every part of it. However, I would like to make some changes.

To begin with, I would like for our entire stay to be at the hotel where we are scheduled to stay on the second night. I have read many online reviews that stated that that place was very nice.

In addition, I would like to rent a car for the last day of our stay. We'll have a lot of extra time, so I want to use that by driving around the area with my wife and children.

I understand that these changes will require additional payments. Please e-mail me an invoice for that amount, along with the changed itinerary.

Thanks,
Akbar

86. What information is included in the itinerary?
    (A) Frequent traveler points earned
    (B) Tour agency membership numbers
    (C) Airport departure locations
    (D) Deadline for changes

87. What is indicated about the Klat Forest tour?
    (A) Participants should bring some tents.
    (B) Campfires are prohibited in the area.
    (C) The length is two days long.
    (D) The meals are at a discount.

88. Why does Mr. Chutani thank Ms. Weaver?
    (A) For making some changes
    (B) For shortening a schedule
    (C) For sending him a notice
    (D) For doing her work quickly

89. Where does Mr. Chutani want to stay on May 8?
    (A) At the Ronson Hotel
    (B) At the Bloom Resort
    (C) At the Woodside Suites
    (D) At the Ember House

90. According to the e-mail, what has Mr. Chutani already done?
    (A) He reviewed guest feedback.
    (B) He filled up his extra time.
    (C) He rented a private car.
    (D) He made additional online payments.

GO ON TO THE NEXT PAGE

Questions 91-95 refer to the following article, email and information.

Upcoming Events

(Mexico City–January 3) This city is looking forward to the 34th Annual Global Biotech Convention, from February 21 to 28. The event is sponsored by the Advanced Biotech Society, the largest organization representing the electronics industry. To be held at the Michelli Hotel, the event will serve as a venue for corporations to showcase their latest products and services. Media exposure is anticipated to be even larger this year than last, with reporters, elite bloggers and other professionals from 136 countries covering the event in 94 different languages.

To: Artur Endris
From: Nadine Baker
Subject: Biotech Convention
Date: January 5

Dear Mr. Endris,

We have completed negotiations to set up an exhibit at the Global Biotech Convention this year. The exhibit will be large and colorful enough to attract attention from potential clients, the media and the public. The final price that we agreed to for the exhibit is slightly more than we anticipated, but still reasonable—especially considering that it will be located near the main entrance, where everyone entering the event can see it. We have also assembled a team to staff the exhibit, composed of engineers, marketing specialists, and several senior executives.

Everyone on the team will receive an Advanced Biotech Society Card, which will provide access to the convention, as well as additional benefits. Team members will be able to use the card from one day prior to the event (to allow for exhibit setup), up to one day afterward (to allow for exhibit takedown).

We think we have chosen a team that can make this event a big success for us.

Sincerely,
Nadine Baker
Global Operations Assistant Director
Xever Biotech, Inc.

Global Biotech Society

34th Annual Convention

Attendee Name: Rie Takahashi
Corporation: Xever Biotech, Inc.
Card No. 904Y2937

Please keep this card on hand at all times to enter the convention during business hours. It can be used for complimentary shuttle service to and from the Michelli Hotel, as well as for amenities such as the private conference rooms and business communications center.
Report lost or stolen immediately by using the phone number on the other side of this card.

91. According to the article, what change is expected at the convention for this year?
    (A) New sponsors
    (B) Larger venues
    (C) Additional corporations
    (D) Expanded media coverage

92. What is NOT mentioned in the e-mail about the Xever Biotech, Inc., exhibit?
    (A) Its price
    (B) Its location
    (C) Its design
    (D) Its renovation

93. Who will be included in the Xever Biotech, Inc., exhibit team?
    (A) Elite bloggers
    (B) International reporters
    (C) Corporate marketers
    (D) Financial specialists

94. Where can cardholders find a phone number to report a loss?
    (A) In the conference room
    (B) In the business center
    (C) On the reverse side of a file
    (D) On the opposite side of a card

95. When is the first day that Rie Takahashi can use her card?
    (A) On February 20
    (B) On February 21
    (C) On February 27
    (D) On February 28

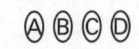

GO ON TO THE NEXT PAGE

Questions 96-100 refer to the following information, e-mail and letter.

Selasco Telecom, Inc.

Selasco-X1 Mobile Phone

Purchase order: 257JQRP
Purchase date: March 6

Customer: Carol Hanley
Address:
17 Gardner Way
Omaha, NE
E-mail: carol.hanley@popperzipmail.com

Thank you for your purchase. The mobile and its accessories have been packaged separately for your convenience.

-Blue box: mobile phone and case
-Green box: instruction manual
-Yellow box: SIM card
-Red box: charger
-Silver box: headphones*

Please take a moment to ensure that all of the devices above have been delivered intact. For any questions or problems, please e-mail: info@selascotelecom.net

*Complimentary for Selasco Telecom, Inc., members like you

第3章　ハーフ模擬試験〈問題〉

To: info@selascotelecom.net
From: carol.hanley@popperzipmail.com
Date: March 8
Subject: purchase order 257JQRP

This purchase order arrived today. However, I found that the red box that came with the order was empty. In fact, I was all ready to start using my phone, but cannot do so until I get the contents of that red box. I was very surprised and disappointed by this, since I am accustomed to the high efficiency of your firm. For that reason, I have been a customer of Selasco Telecom, Inc., for many years.

I went to one of your stores to deal with this issue, but the clerks said that I would have to contact the company directly, since I purchased the phone online. I really hope that you can bring this to a satisfactory conclusion right away.

Thanks,
Carol Hanley

GO ON TO THE NEXT PAGE

Selasco Telecom

March 12

Carol Hanley
17 Gardner Way
Omaha, NE

RE: Purchase Order 257JQRP

Dear Ms. Hanley,

We are terribly sorry for our mistake regarding your recent purchase. Please find your missing item enclosed. If there is any issue with it, please let us know. We appreciate your patience and continued business very much. Therefore, as a token of such appreciation, we have also enclosed a coupon for $25 off your next purchase from us. This coupon can be used at any of our stores or at our Web site.

Again, we sincerely apologize for your inconvenience, and thank you for choosing Selasco Telecom, Inc.

Yours sincerely,
Gerald Dean

Gerald Dean
Customer Service Manager
Selasco Telecom, Inc.

96. According to the information, what is true about Selasco Telecom, Inc.?
    (A) It sells only through stores.
    (B) It operates a membership program.
    (C) It provides an accessories warranty.
    (D) It guarantees express delivery.

97. Why has Ms. Hanley been a longtime customer of Selasco Telecom, Inc.?
    (A) Because of its staff's friendliness
    (B) Due to its many stores
    (C) Based on its company size
    (D) Owing to its quality products and service

98. In the e-mail, the word "conclusion" in paragraph 2, line 4, is closest in meaning to
    (A) idea
    (B) approval
    (C) resolution
    (D) installment

99. What has been enclosed with the letter?
    (A) A case
    (B) An instruction manual
    (C) A charger
    (D) A set of headphones

100. Why was the coupon sent?
    (A) As a small compensation
    (B) As a missing item replacement
    (C) As part of an online marketing campaign
    (D) As a reward for recommending other customers

Stop! This is the end of the test.

正解・解説

PART 1

1. 正解：(D) 室内の人物 ★

写真をCheck! 複数の人物が室内にいる写真。

解説 putting on はジャケットを身に着けようとしている動作を表す。2人ともジャケットを着用しているが、今、着ている動作をしているわけではないので (A) は間違い。2人とも手にカップを持っているが、中に液体が入っているかはわからず、また今飲んでいる状態でもないので (B) も間違い。(C) は2人ともスカーフを着用していないので不正解。**お互いが向かい合っているので (D) が正解。**

スクリプト

(A) They're putting on suit coats.
(B) They're drinking liquid out of the cups.
(C) One of the people is wearing a scarf.
(D) People are facing each other.

スクリプトの訳

(A) 彼らはスーツの上着を着ている。
(B) 彼らはカップから液体を飲んでいる。
(C) 人々のうち1人はスカーフをしている。
(D) 人々はお互いに向かい合っている。

□ coat 名 上着；ジャケット　　□ face 他 顔を向ける
□ scarf 名 スカーフ；えり巻き

第3章　ハーフ模擬試験〈正解・解説〉

2.　正解：(B)　屋外の人物　★★　　　CD▶40

写真をCheck!　複数の人物が屋外にいる写真。

解説　人々は講堂にいるわけではないので (A) は間違い。**歩行者が何人か路上にいるので (B) が正解**。(C) は、「建設車両」のようなものは写真には見当たらない。「掘り返している」作業をしている人はいないので (D) も不正解。

スクリプト

(A) All of the people are in the auditorium.
(B) Several pedestrians are on the road.
(C) Some construction vehicles are building a road.
(D) Some workers are digging up the sidewalk.

スクリプトの訳

(A) 全ての人は講堂の中にいる。
(B) 数人の歩行者が道路にいる。
(C) 何台かの建設車両が道路を敷設している。
(D) 何人かの労働者が歩道を掘り返している。

- auditorium　名 講堂
- vehicle　名 車両
- pedestrian　名 歩行者
- dig up　～を掘り起こす；～を掘り返す

225

3. 正解：(C) 風景 ★★★　　　　CD›41

写真をCheck! 風景の写真。

解説　写真の向こうに川のような水面が見えるが、平地なので (A) は間違い。写真の中に「森」と言えるほどの木々が見当たらないため、(B) も不正解。**ビルは全て同じデザインではないので、(C) が正解**。(D) は、工事中の建物は写真の中に見当たらないので間違い。

スクリプト

(A) The river is flowing down the hills.
(B) The city skyline is above the forest.
(C) Some of the buildings have different designs.
(D) Many of the skyscrapers are under construction.

スクリプトの訳

(A) 川は丘を流れ落ちている。
(B) 都市のスカイラインが森の上にある。
(C) ビルの中のいくつかは違ったデザインだ。
(D) 高層ビルの多くは工事中だ。

□ flow 自 流れる
□ skyscraper 名 高層ビル；摩天楼
□ skyline 名 スカイライン：都市の輪郭
□ under construction 工事中で

PART 2

4. 正解：(A)　疑問詞疑問文　★★　CD>43

聞き取りPoint!　疑問詞 Where で始まる疑問文。

解説　「昨日使ったカップはどこにあるか」聞いている。**「洗って、テーブルに置きました」と言っている (A) が正解。**(B) も場所を答えているが、「警察署で」では、昨日使ったカップのある場所として不適当。(C) は「コーヒーはいかがですか」と聞いていて、会話が流れず不正解。

スクリプト　Where are the cups I used yesterday?
(A) I washed them and put them on the table.
(B) At the police station.
(C) Would you like a cup of coffee?

スクリプトの訳　昨日私が使ったカップはどこにありますか。
(A) 私が洗って、テーブルの上に置きました。
(B) 警察署です。
(C) コーヒーを一杯いかがですか。

☐ police station　警察署；交番

---

5. 正解：(A)　一般疑問文　★★　CD>44

聞き取りPoint!　Is で始まる一般疑問文。

解説　「オースティンが本当にチームに入るかどうか」という質問。**直接的な応答ではないが、「(彼が入れば) チームワークが良くなります」と答えている (A) が、会話が流れており正解となる。**未来のことを聞いているのに対して過去形で答えている (B) は不可。(C) は「彼女」の指すものが不明。

スクリプト　Is Austin really going to join our team?
(A) Yes, we can improve our teamwork.
(B) He certainly did.
(C) She is a teenager.

スクリプトの訳　オースティンは本当に私たちのチームに入るのですか。
(A) そうです。私たちのチームワークが良くなります。
(B) はい、彼は確かにそうしました。
(C) 彼女はティーンエイジャーです。

☐ certainly　副 確かに　　☐ improve　他 良くする；改善する
☐ teenager　名 ティーンエイジャー（13歳から19歳までの若者）

6. 正解：(C)　疑問詞疑問文　★★　CD›45

聞き取りPoint!　疑問詞 Which で始まる疑問文。

解説　「どちらの色がいいですか」と聞いているのに対して、(A) は cool の音が設問の color と似ていることによるトラップ。(B) は Violet を「スミレ」の意味で使っているが、「紫色」の意味だと勘違いしないように注意。**(C) は「ほとんどの顧客が青を好みますよ」と答えており、会話が成立している。**

スクリプト
Which color is better?
(A) Yes, it will keep you very cool.
(B) The plant is called a "Violet."
(C) Most of our customers would prefer blue.

スクリプトの訳
どちらの色がいいですか。
(A) はい、それはあなたをとても涼しく保ちます。
(B) その植物は「スミレ」と呼ばれています。
(C) ほとんどのお客様は青色を好むでしょう。

□ violet　名 スミレ；紫色　　　□ prefer　他 ～の方を好む

---

7. 正解：(A)　疑問詞疑問文　★★　CD›46

聞き取りPoint!　疑問詞 How で始まる疑問文。

解説　「面接はどうだったか」聞いている。**「不合格になったと思います」と答えている (A) が正解。**(B) は「場所」を答えているので不正解。(C) は設問と同じ go を使うことによるひっかけの選択肢。

スクリプト
How did the interview go?
(A) I think I failed.
(B) It was in the conference hall.
(C) Let's go there by taxi.

スクリプトの訳
面接はいかがでしたか。
(A) 不合格になったと思います。
(B) それは会議ホールの中にありました。
(C) そこにはタクシーで行きましょう。

□ interview　名 （入社などの）面接　　　□ conference　名 会議

第3章 ハーフ模擬試験〈正解・解説〉

8. 正解：(B) 疑問詞疑問文 ★★ CD>47

聞き取りPoint! 疑問詞 Who で始まる疑問文。

解説「誰の責任ですか」と聞いている。(A) は「時間の無駄です」と言っているが、「誰か」について答えていない。**(B) は、人物を答えているので正解。**(C) は、resign の音が設問の design と似ているが、ひっかからないようにしよう。

スクリプト
Who is responsible for creating new interior designs?
(A) It's a real waste of time.
(B) I think Ms. Bauer is.
(C) I heard Mr. Shepherd is going to resign.

スクリプトの訳 新しい内装デザインを制作するのは誰の責任ですか。
(A) それは本当に時間の無駄です。
(B) バウアー氏だと思います。
(C) シェファード氏は辞任すると聞きました。

- □ be responsible for 〜に責任がある　□ interior 名 内装
- □ waste 名 浪費　□ resign 動 辞職する

---

9. 正解：(C) 付加疑問文 ★★★ CD>48

聞き取りPoint! 付加疑問文に答える問題。

解説「エアコンが届いていないか」と確認している。(A) は「電子メールで」と答えていて、エアコンを届ける状況として不自然。(B) は「それはいいですね」と言っていて、会話がかみ合わず、間違い。**(C) は、エアコンが到着していない状況について説明しているので正解である。**

スクリプト
The new air conditioner hasn't arrived, has it?
(A) By email, for sure.
(B) That would be great.
(C) I heard they'd send it this afternoon.

スクリプトの訳 新しいエアコンはまだ届いていないですよね。
(A) 必ず電子メールで届きます。
(B) それはいいですね。
(C) 今日の午後に送ってくれると聞いています。

- □ air conditioner エアコン　□ for sure 必ず；確かに

10. 正解：(A)　疑問詞疑問文　★★　　CD▶49

聞き取りPoint!　疑問詞 Where で始まる疑問文。

解説　書類を自分でどこに置いたか忘れてしまって、相手に聞いている状況。**(A)** が「置いてきたであろう場所」を答えているので正解。過去のことについて聞いているのに対して、(B) は「どこでもいいですよ」と現在のことを答えているので不正解。(C) は He が誰だかわからないので不可。

スクリプト　Where did I put my documents?
(A) **You might have left them in the auditorium.**
(B) Any place is fine.
(C) He'll be right there.

スクリプトの訳　私は書類をどこに置きましたっけ？
(A) **講堂に置いてきたかもしれないですね。**
(B) どこでもいいですよ。
(C) 彼はすぐにそちらに行きます。

□ auditorium　名 講堂；聴衆席

---

11. 正解：(C)　許可を求める文　★★★　　CD▶50

聞き取りPoint!　Can I で始まる許可を求める疑問文。

解説　「予約をキャンセルできますか」と聞いている。設問の動詞 change（変える）を「おつり」の意味だと勘違いすると、誤答の (A) を選ぶ可能性がある。(B) は Because で始まり、理由を答えており、会話が流れていないので間違い。**(C) は、as long as で「〜するかぎりは」と、予約をキャンセルできる条件を示しているので正解となる。**

スクリプト　Can I cancel my reservation if I change my mind?
(A) Sorry, we only take cash.
(B) Because you told me about the charge.
(C) As long as you call me a week in advance.

スクリプトの訳　もし私の気が変わったら、予約をキャンセルできますか。
(A) すみません。こちらは現金のみの扱いになります。
(B) あなたが私に料金のことを話したからです。
(C) 1週間前に私に電話をくれれば大丈夫です。

□ change one's mind　気が変わる　　□ charge　名 請求金額；料金
□ as long as　〜するかぎり　　□ in advance　前もって

第3章　ハーフ模擬試験〈正解・解説〉

12. 正解：(A)　疑問詞疑問文 ★　CD 51

聞き取りPoint! 疑問詞 What で始まる疑問文。

解説　「(紙袋の中に) 何がありますか」に対して、「花がいっぱいです」と答えている (A) が正解。紙袋の中身を聞いているのに、(B) は「キャビネットの中に入れました」と答えており不可。(C) は、paper bag（紙袋）からイメージのできそうな envelope（封筒）という表現を使っているが、「その封筒は大きすぎます」と答えていてかみ合わない。

スクリプト
What's in that paper bag behind the door?
(A) It's full of flowers.
(B) I put it in the cabinet.
(C) That envelope is too big.

スクリプトの訳
ドアの後ろの紙袋には何が入っていますか。
(A) 花がいっぱい入っています。
(B) それをキャビネットの中に入れました。
(C) その封筒は大きすぎます。

☐ paper bag　紙袋　　　☐ cabinet　名 飾り棚；キャビネット

13. 正解：(B)　疑問詞疑問文 ★　CD 52

聞き取りPoint! 疑問詞 Why で始まる疑問文。

解説　「来週メルボルンに行く理由」について聞いている。(A) のように Why に対して Because で始まり、正しい応答のように聞こえる選択肢には要注意。この場合も「ここから遠すぎるからです」では、メルボルンに行く理由として成立していないので不正解。**(B) は Because で始まっていないが、「ワークショップに参加するため」と理由を明確に示しているので正解**。(C) は、何について「いい考えですね」と言っているのかわからないので不正解。

スクリプト
Why are you going to Melbourne next week?
(A) Because it's too far from here.
(B) To attend a workshop.
(C) That sounds like a good idea.

スクリプトの訳
あなたはなぜ来週メルボルンに行くのですか。
(A) それはここから遠すぎるからです。
(B) ワークショップに参加するためです。
(C) それはいい考えですね。

☐ workshop　名 ワークショップ；研修会

14. 正解：(B)　疑問詞疑問文　★★★　　CD)53

聞き取りPoint!　疑問詞 Which で始まる疑問文。

解説　「どの市場にフォーカスを当てるか」について聞いている。(A) は質問に出てくる market（市場）を一部に含む単語 supermarket を用いたひっかけの選択肢。**(B) は、「新しい世代をカバーする」と焦点を当てる対象について答えているので正解。**(C) は、質問に関係のないことを言っているので、間違い。

スクリプト　Which market are you focusing on in your presentation?
(A) Yes, I went shopping at the supermarket.
(B) I'll mainly cover the new generation.
(C) I'd like to have a catalog.

スクリプトの訳　あなたはプレゼンでどの市場に焦点を当てるのですか。
(A) はい、私はスーパーマーケットで買い物をしました。
(B) 主に新しい世代をカバーします。
(C) カタログが欲しいです。

- focus on　～に焦点を当てる
- generation　名 世代

---

15. 正解：(C)　選択疑問文　★★　　CD)54

聞き取りPoint!　Would you で始まり、どちらかを選ぶ選択疑問文。

解説　「ジャケットを取りに来るか、自宅に送ってほしいか」を聞いている。(A) はジャケットの話をしているが、「買いました」では、会話がかみ合わないので不可。(B) も「あなたのマネージャーが誰かによります」では、状況が一致しない。**(C) は、取りに行くことを別の言い方で表現しており、正解となる。**

スクリプト　Will you pick up your jacket or should I send it to your address?
(A) Yes, I bought a new jacket.
(B) That depends on who's your manager.
(C) I'll stop by after 6 o'clock.

スクリプトの訳　ジャケットを取りにいらっしゃいますか、それともご住所にお送りしましょうか。
(A) はい、新しいジャケットを買いました。
(B) それはあなたのマネージャーが誰かによります。
(C) 6時以降に立ち寄ります。

- depend on　～に依存する
- stop by　立ち寄る

第3章 ハーフ模擬試験〈正解・解説〉

16. 正解：(A) 平叙文 ★★★　CD>55

聞き取りPoint! 平叙文に答える問題。

解説 「マルコに会ったとき、彼だとわかりませんでした」という語りかけに対して、**「彼は変わりましたよね」と、会話が流れている (A) が正解**。(B) は何に対して「いいえ」と答えているのかが不明。(C) も「高速に乗りたいです」では会話がちぐはぐになるので間違い。

スクリプト　I didn't recognize Marco when I met him in Seoul.
(A) He has changed a lot, hasn't he?
(B) No, I didn't see him today.
(C) I'd rather take an expressway.

スクリプトの訳　ソウルでマルコに会ったとき、彼だとわかりませんでした。
(A) 彼はすごく変わりましたよね。
(B) いいえ、今日は彼を見ませんでした。
(C) むしろ高速に乗りたいです。

☐ recognize 他 見分けがつく；認める　☐ would rather 〜したい
☐ expressway 名 高速道路

---

17. 正解：(B) 疑問詞疑問文 ★★　CD>56

聞き取りPoint! 疑問詞 How で始まる疑問文。

解説 「新しいオフィスがどれくらい大きいのか」について聞いている。(A) は、自分のオフィスの大きさを聞かれているのに「彼の会社」について答えているので不正解。**「あなたのオフィスと同じくらいです」と、大きさについて答えている (B) が正解**。(C) は、観客の数を答えていて間違い。

スクリプト　How big are your new offices?
(A) His company may relocate.
(B) Almost the same as your offices.
(C) 150 people were in the audience.

スクリプトの訳　新しい事務所はどれくらい大きいのですか。
(A) 彼の会社は移転するかもしれません。
(B) あなたの会社とほぼ同じくらいです。
(C) 観客は150人くらいでした。

☐ relocate 自 移転する　☐ audience 名 観客

模試正解

233

PART 3

Questions 18-20

18. 正解：(C)　詳細情報　★★

先読みPoint!　What →「男性が何をしたか」を聞き取ろう。

解説　女性は最初の発言で自分の会社と名前を述べた後に、I'm calling to set up a delivery for the TV you purchased from our store yesterday. と、「昨日、男性が買ったテレビの配達」について電話をしていることを伝えている。**男性がテレビを買ったことを「電気製品を買った」という表現で言い換えている (C) Buy an appliance が正解。**

設問・選択肢訳　男性は昨日何をしましたか。
　　　　(A)　彼の家を塗装した。
　　　　(B)　配達を受け取った。
　　　　(C)　電気製品を買った。
　　　　(D)　お店の会員に申し込んだ。

19. 正解：(C)　会話のテーマ　★★

先読みPoint!　What →「何を話しているか」を聞き取ろう。

解説　女性の最初の発言を受け、男性は Oh, yes, you can come by tomorrow any time after 7:00 P.M. と、「配達時間の指定」をしている。**続いて Either I or my wife should be home by then. と「自分か妻がそれまでに家にいる」と言っているので、正解は (C) Setting up a schedule となる。**

設問・選択肢訳　話者たちは主に何について話していますか。
　　(A)　チームの編成　　　　　　(B)　価格の交渉
　　(C)　予定の設定　　　　　　(D)　支払いの手配

20. 正解：(D)　詳細情報　★★

先読みPoint!　What →「男性の問題は何か」を聞き取ろう。

解説　男性は2回目の発言で I usually can't leave the office before 6:00 P.M. と、「普段は午後6時前にオフィスを離れることができない」と言っている。**「職場を早く離れるのが難しい」の意の (D) It is difficult for him to leave work early. が正解。**

設問・選択肢訳　男性はどんな問題について言及していますか。
　　　　(A)　彼は家で働くことができない。
　　　　(B)　彼はクラスに登録することができない。
　　　　(C)　彼にとってメインオフィスを見つけることは難しい。
　　　　(D)　彼にとって職場を早く離れるのは難しい。

第3章 ハーフ模擬試験〈正解・解説〉

スクリプト

Questions 18 through 20 refer to the following conversation.

(Woman) Hello, this is Brenda from Pro Home Appliances. ⑱I'm calling to set up a delivery for the TV you purchased from our store yesterday.
(Man) ⑲Oh, yes, you can come by tomorrow any time after 7:00 P.M. Either I or my wife should be home by then.
(Woman) I'm sorry to say that we need a four-hour period in which to make deliveries. We could come by tomorrow between 3:30 PM and 7:30 PM. That's the latest period that we have open.
(Man) ⑳I usually can't leave the office before 6:00 P.M., but I guess I can make an exception for this. Bring it at the time you mentioned and I'll be there.

スクリプトの訳

設問18〜20は次の会話に関するものです。

(女性) こんにちは。プロ・ホーム・アプライアンスのブレンダです。⑱あなたが昨日、当店で購入されたテレビの配達を手配するためにお電話しています。
(男性) ⑲ええ、はい、明日の午後7時以降ならいつでも来てください。私か私の妻がそれまでには家にいます。
(女性) あいにく、配達するのに4時間の単位が必要です。明日の午後3時30分から午後7時30分ならうかがえます。それが配達可能な最も遅い時間帯です。
(男性) ⑳普段、私は午後6時前にオフィスを出ることができません。ですが、これについては例外的にできると思います。あなたが言った時間に持ってきてください。私が家にいるようにします。

● 設問・選択肢
□ appliance 名 電気製品
□ apply for 〜を申請する；〜に応募する
□ sign up for 〜に登録する

● スクリプト
□ purchase 他 購入する
□ make an exception 例外とする；特別扱いにする
□ mention 他 言う；言及する

Questions 21-23

21. 正解：(B)　会話の場所　★★

先読みPoint! Where → 「話者たちがどこにいるか」を聞き取ろう。

解説 まず、男性が最初の発言で Hi, I'm Henry Manson. I've been sent here today by my supervisor, Mr. Niigata と、「上司の指示によってこの場に来ている」ことを述べている。続いて女性は We just took delivery of a large amount of office supplies, and we've got to sort them and then deliver them throughout the headquarters building. と、「事務機器を分類して、本社ビル中に配る」と言っている。**「本社ビル」にいるわけなので、これを「会社のオフィス」と言い換えた** (B) At company offices が正解となる。

設問・選択肢訳 話者たちはどこにいると考えられますか。
- (A) サービスデスク
- **(B) 会社のオフィス**
- (C) 建設現場
- (D) ガソリンスタンド

22. 正解：(D)　詳細情報　★

先読みPoint! What → 「今朝何が起こったか」を聞き取ろう。

解説 女性は最初の発言で、Two of my team members called in sick, so we need any help we can get. と言っている。**「スタッフが病欠の連絡をした」の意の** (D) Staff members called in sick. が正解。

設問・選択肢訳 女性は今朝何が起こったと言っていますか。
- (A) 倉庫がいっぱいになった。
- (B) 上司がチームを雇った。
- (C) 消耗品の箱がなくなった。
- **(D) スタッフが病欠の電話をした。**

23. 正解：(C)　詳細情報　★★

先読みPoint! How long → 「仕事はどれくらいの時間か」を聞き取ろう。

解説 選択肢に目を通すことにより、時間が聞かれることがあらかじめわかっている。女性の2回目の発言に We shouldn't need you for the full eight hours today. とあるが、ここで早とちりして (D) About eight hours を選ばないように注意。**それに続く** We should be able to finish everything within about five. から、正解は (C) About five hours だとわかる。

設問・選択肢訳 仕事の継続時間はどのぐらいですか。
- (A) 約2時間
- (B) 約3時間
- **(C) 約5時間**
- (D) 約8時間

第3章 ハーフ模擬試験〈正解・解説〉

スクリプト

Questions 21 through 23 refer to the following conversation.

(Man) ㉑Hi, I'm Henry Manson. I've been sent here today by my supervisor, Mr. Niigata. I'm sorry that I'm a little late. I got here from the warehouse as fast as I could.

(Woman) No problem at all. I know we asked for you on very short notice. ㉒Two of my team members called in sick, so we need any help we can get. ㉑We just took delivery of a large amount of office supplies, and we've got to sort them and then deliver them throughout the headquarters building.

(Man) Got it. Is there anything that I should know before we begin?

(Woman) No, nothing special. You'll be working with me and Sandy. We shouldn't need you for the full eight hours today. ㉓We should be able to finish everything within about five. We're going to start on Floor 1, and then work our way up.

スクリプトの訳

設問21〜23は次の会話に関するものです。

(男性) ㉑こんにちは、私はヘンリー・マンソンです。今日は、上司のニイガタさんに言われて来ました。少し遅れてすみません。倉庫からできるだけ早く来ました。

(女性) まったく問題ありません。我々があなたにとても急なお願いをしたのですから。㉒チームの2人から病欠の連絡があったので、どんな助けでも必要なのです。㉑ちょうど大量の事務用品の配達を受けて、分類して本社ビル中に配らなければなりません。

(男性) わかりました。始める前に知っておくべきことが何かありますか。

(女性) 特にありません。私とサンディと一緒に働きましょう。今日は8時間フルには必要ないでしょう。㉓全てを約5時間以内に終えることができるはずです。1階から始めます。そして上の階に上がっていきます。

● 設問・選択肢
- construction site　建設現場
- take place　起こる；行われる
- supervisor　名 上司；管理職
- missing　形 なくなって
- duration　名 継続時間

- fueling station　ガソリンスタンド
- warehouse　名 倉庫
- supplies　名 消耗品；備品
- call in sick　病欠の電話を入れる

● スクリプト
- short notice　急なお願い；急な連絡
- office supplies　事務用品
- headquarters　名 本社

- a large amount of　大量の〜
- sort　他 分類する、区別する

Questions 24-26

24. 正解：(C)　会話のテーマ　★★

先読みPoint!　What →「話者たちは何を心配しているか」を聞き取ろう。

解説　女性は最初の発言で、Have you read our latest statement from Stenway Telecom? It seems about 10 percent higher than last month. と、**「通信会社の明細が先月より10パーセント高くなっている」ことを気にしている。よって、(C) A monthly subscription price has been increased. が正解。**

設問・選択肢訳　話者たちは何について心配していますか。
(A) 明細書に間違った数字がある。
(B) 話者たちが交替する前に、会社は報告を受けなければならない。
(C) 毎月の加入料が引き上げられた。
(D) ビジネスレターが間違ったところに行った。

25. 正解：(C)　詳細情報　★★

先読みPoint!　What →「女性が何を言っているか」を聞き取ろう。

解説　女性の2回目の発言に Jorn Telecom が出てくる。これに続いて Most of the people in this apartment building seem to subscribe to it.（このアパートのほとんどの人はそれを使っている）とあるので、**「それは彼らの隣人たちに使われている」と言い換えた (C) It is used by their neighbors. が正解となる。**

設問・選択肢訳　女性はジョーン・テレコムについて何と言っていますか。
(A) そのサービスはもっと悪いかもしれない。
(B) その本社は近所にある。
(C) それは彼らの隣人たちに使われている。
(D) それは人気が落ちてきている。

26. 正解：(B)　次の行動　★★

先読みPoint!　What →「男性が何をするか」を聞き取ろう。

解説　男性は2回目の発言で Let's go online now to compare the two providers and get the best deal. と、**「2つのプロバイダーを比較するためにネットを見よう」と言っている。providers を companies に言い換えた (B) Compare companies が正解になる。**

設問・選択肢訳　男性は次に何をすると思われますか。
(A) オフラインにする
(B) 会社を比較する
(C) 他の階へ歩いて行く
(D) 製品の不満を申し立てる

第3章 ハーフ模擬試験〈正解・解説〉

スクリプト　　　　　　　　　　　　　　　　　　　CD▶60

Questions 24 through 26 refer to the following conversation.
(Woman) Have you read our latest statement from Stenway Telecom? It seems about 10 percent higher than last month. Aren't they supposed to give us a warning before they change their rates?
(Man) They sent us a letter about two months ago stating they were going to raise their monthly subscription fees. I'm not sure what we can do about it.
(Woman) Let's at least look at some of their competitors, like Jorn Telecom. Most of the people in this apartment building seem to subscribe to it.
(Man) That's true, and I've never heard any complaints about it from any of them. Let's go online now to compare the two providers and get the best deal.

スクリプトの訳

設問24～26は次の会話に関するものです。
(女性) ステンウェイ・テレコムからの最新の明細書を見た？　先月に比べて10パーセントくらい高いみたい。料金を変更する前に通告をするべきだと思わない？
(男性) 彼らは2カ月ほど前に、月額使用料を値上げするという手紙を送ってきたよ。それについて何もできないんじゃないかな。
(女性) 少なくとも、ジョーン・テレコムのような彼らの競合他社を何社か見てみましょうよ。このアパートのほとんどの人は、そこを使っているみたいよ。
(男性) 確かにそうだな。その会社についての不満を彼らの誰からも聞いたことがないしね。インターネットを見て、2つのプロバイダーを比較してみよう。それで安い方を選ぼうよ。

● 設問・選択肢
- statement 名 明細書
- incorrect 形 間違った
- notify 他 知らせる
- subscription 名 (定期の) 加入
- file 他 申し立てる；提出する
- contain 他 含む
- figure 名 数字
- switch 自 (仕事を) 交替する
- nearby 形 近所にある

● スクリプト
- be supposed to ～しなければならない
- warning 名 通告；警告
- subscribe to ～に定期加入する
- competitor 名 競合会社
- best deal 最良の取引；一番安い取引

239

Questions 27-29

27. 正解：(B)　会話のテーマ　★★

先読みPoint! What →「男性が何を聞いているか」を聞き取ろう。

解説　男性は冒頭で、「列車の座席を買った」旨を述べ、続いて Something has come up, so I'd like to change my ticket to include Boston. と「チケットの変更」を求めている。itinerary（旅程表）を使って言い換えている (B) Revising an itinerary が正解である。

設問・選択肢訳　男性は何についてたずねていますか。
　　　　(A) 旅行のキャンセル
　　　(B) 旅程の修正
　　　　(C) 座席のグレードアップ
　　　　(D) 機械の設置

28. 正解：(A)　詳細情報　★

先読みPoint! What →「男性が何を渡しているか」を聞き取ろう。

解説　男性は2回目の発言で、Yes, and here's my credit card for the extra fee. と言って、**クレジットカードを渡している**。したがって、(A) A credit card が正解となる。

設問・選択肢訳　男性は女性に何を渡しますか。
　　　　(A) クレジットカード
　　　　(B) 無効になった文書
　　　　(C) 電車の番号
　　　　(D) 急行の乗車券

29. 正解：(C)　次の行動　★

先読みPoint! What →「女性が何をするか」を聞き取ろう。

解説　女性は2回目の発言で Please wait a few seconds while I void your old ticket and print out a new one. と、**「以前のチケットを無効にしてから新しいものを印刷する」**と言っている。したがって、「文書を印刷する」の意の (C) Print out a document が正解となる。

設問・選択肢訳　女性は次に何をしますか。
　　　　(A) 出発ホームに連絡する
　　　　(B) 乗車券にスタンプを押す
　　　(C) 文書を印刷する
　　　　(D) ローカルツアーの地図を手渡す

第3章 ハーフ模擬試験〈正解・解説〉

スクリプト

Questions 27 through 29 refer to the following conversation.

(Man) Hi, I bought a seat on the Windchaser Express from Baltimore to Philadelphia. ㉗Something has come up, so I'd like to change my ticket to include Boston.

(Woman) Let me check the system to see if I can locate a new seat for you. OK, that can be done, at an additional cost of $72.99. Would you like me to make the change?

(Man) ㉘Yes, and here's my credit card for the extra fee.

(Woman) Thank you. ㉙Please wait a few seconds while I void your old ticket and print out a new one. Your new train will be the East Coast Local and your departure time will be at 10:45 A.M.

スクリプトの訳

設問27～29は次の会話に関するものです。

(男性) こんにちは、私はボルチモア発フィラデルフィア行きのウインドチェイサー急行の座席を買いました。ちょっと訳があって、㉗私のチケットをボストンまでのものに変えたいのです。

(女性) お客様に新しい座席を見つけられるかどうか、システムでお調べします。そうですね、72ドル99セントの追加料金で変更することができます。変更してもよろしいですか。

(男性) ㉘ええ、追加料金はクレジットカードでお願いします。

(女性) ありがとうございます。㉙以前のチケットを無効にして新しいチケットを印刷するまで少しお待ちください。お客様の新しい列車はイーストコースト・ローカルで、出発時刻は午前10時45分です。

● 設問・選択肢
- □ revise 他 修正する；変更する
- □ upgrade 他 アップグレードする
- □ void 他 無効にする
- □ hand over ～を手渡す
- □ itinerary 名 旅程表；旅行スケジュール
- □ locate 他 設置する；見つける
- □ departure track 出発ホーム

● スクリプト
- □ come up 起こる
- □ extra 形 追加の
- □ additional 形 追加の

241

Questions 30-32

30. 正解：(B)　会話のテーマ ★★

先読み Point! What → 「会話の主題が何か」を聞き取ろう。

解説　男性Aは最初の発言で、Ms. Watts, after completing our recent factory inspection, we found that there are a few areas where we should make some improvements. と、**「工場内の改善すべき区域」**を述べている。続いて男性Bも最初の発言で Yes, because some of our procedures and equipment are outdated, from a safety perspective. と、**「改善が必要な理由」**について話している。(B) The condition of a facility（施設の状態）が正解。

設問・選択肢訳　この会話の主題は何ですか。
(A) マネージャーの責任範囲　　(B) 施設の状態
(C) 従業員からの反応　　　　　(D) 顧客調査の結果

31. 正解：(A)　詳細情報 ★★

先読み Point! What → 「男性たちが手すりについて何をほのめかしているか」を聞き取ろう。

解説　男性Aは2度目の発言で、Not all of the changes are costly. I'm sure we could get a great deal on things such as the safety railings. と、**「全てが高くつくわけではない」**と言っている。男性Bも2度目の発言で He's right. We could install those for a pretty low price. と**「安い値段」**について触れていることから、(A) They are inexpensive.（それらは安価だ）が正解である。

設問・選択肢訳　男性たちは、手すりについて何をほのめかしていますか。
(A) 安価だ。　　　　(B) 不要だ。
(C) 不評だ。　　　　(D) 破損していない。

32. 正解：(D)　表現の意図 ★★★

先読み Point! What → 「That's a given. が何を意味しているか」を聞き取ろう。

解説　女性が That's a given. という前に、男性Bは we have to ensure that we have a workplace that is as safe as possible. と、「職場をできるだけ安全にしておきたい」と言っている。これに対して**女性は That's a given. で「職場を安全にしておくという方針に同意している」**と考えられる。よって、正解は (D) A policy has become standard. である。

設問・選択肢訳　女性が、「That's a given.」と言ったとき、彼女は何を意味していますか。
(A) 贈り物は渡されている。　　(B) 保証金は受け取られている。
(C) 役割は確認されている。　　(D) 方針は標準になっている。

第3章 ハーフ模擬試験〈正解・解説〉

スクリプト

CD 62

Questions 30 through 32 refer to the following conversation.

(Man A) ㉚ Ms. Watts, after completing our recent factory inspection, we found that there are a few areas where we should make some improvements.
(Woman) Is that so?
(Man B) ㉚ Yes, because some of our procedures and equipment are outdated, from a safety perspective. They should really be upgraded.
(Woman) I suppose that means significant spending—and that would be really difficult right now, since we had two quarters of falling revenues.
(Man A) ㉛ Not all of the changes are costly. I'm sure we could get a great deal on things such as the safety railings.
(Woman) I see.
(Man B) ㉛ He's right. We could install those for a pretty low price. More than anything else, though, ㉜ we have to ensure that we have a workplace that is as safe as possible.
(Woman) That's a given. Both of you need to outline the upgrades that we need, and then we'll have a meeting on how to implement them.

スクリプトの訳

設問30～32は次の会話に関するものです。

(男性A) ㉚ワッツさん、この間、工場検査が完了しましたが、若干の改善をすべき2、3の区域があることがわかりました。
(女性) そうですか。
(男性B) ㉚はい、いくつかの工程と機器が安全の観点から時代遅れになっているからです。それらを刷新しなければなりません。
(女性) それはかなりの支出を意味しますね。2四半期にわたって収益が落ちているので、現時点では難しいですね。
(男性A) ㉛変更がすべて高くつくわけではありません。安全手すりのようなもので、大きな成果があると確信しています。
(女性) わかりました。
(男性B) ㉛彼の言う通りです。我々は、かなり安価でそれを設置することができます。何よりも、㉜我々は可能なかぎり安全な職場を確保するようにしなければなりません。
(女性) 当然です。あなた方2人は、我々に必要な改善を説明する必要がありますね。その後で、それらの実行方法について会議で検討しましょう。

● 設問・選択肢
□ railing 名 手すり　　□ undamaged 形 損傷がない

● スクリプト
□ perspective 名 見方；観点　　□ implement 他 実行する；実施する

Questions 33-35

33. 正解：(A)　詳細情報　★

先読み Point!　What → 「男性が何を頼んでいるか」を聞き取ろう。

解説　男性は最初の発言で、Could you tell me when the next train leaves? と、「次の電車の時間を教えてくれるように」女性に頼んでいる。したがって「時間を確認する」の意の (A) Check a schedule が正解である。

設問・選択肢訳　男性は、女性に何をするように頼んでいますか。
(A) スケジュールを確認する　　(B) 口座を開く
(C) 規則を説明する　　(D) ターミナルを見つける

34. 正解：(B)　詳細情報　★

先読み Point!　What → 「男性が何が重要と言っているか」を聞き取ろう。

解説　男性は2回目の発言で、I can't be late for a critical meeting there. と、「重要な会議に遅れることができない」と言っている。したがって、正解は (B) Attending a conference である。

設問・選択肢訳　男性は何が重要だと言っていますか。
(A) 早く家に帰ること　　(B) 会議に出席すること
(C) ホテルを予約すること　　(D) 重要な書類を提出すること

35. 正解：(C)　図表関連　★★★

先読み Point!　Where → 図表を見て、「男性がどこに座るか」を聞き取ろう。

解説　男性は3回目の発言で、You can book me in the best seat that I can buy for under 200 dollars. と、「200ドル以下で最上の席」を指定している。表から、200ドル以下で最上の座席を探すと、「197ドルのビジネスクラス」を選ぶことができる。正解は (C) Business class である。

設問・選択肢訳　図表を見てください。男性は列車のどこに座りますか。
(A) プレミアムクラス　　(B) ファーストクラス
(C) ビジネスクラス　　(D) エコノミークラス

スクリプト

Questions 33 through 35 refer to the following conversation and price list.

(Man) I'd like to book a seat to Indianapolis. ㉝ Could you tell me when the next train leaves?

(Woman) We have one departing at 1:20 A.M. There are plenty of seats available on that.

(Man) If there's nothing leaving any earlier, that one will do—as long as it gets me there by 7:00 A.M. ㉞ I can't be late for a critical meeting there.

(Woman) And when will you be returning?
(Man) On April 12, as soon as possible after 8:00 P.M. ㉟You can book me in the best seat that I can buy for under 200 dollars.
(Woman) Okay, I'll make the reservation for you.

Seat Section, Ranked by Luxury Level	Price
Premium	$270
First Class	$220
Business Class	$197 ㉟
Economy	$170
Super-Economy	$120

スクリプトの訳

設問33～35は次の会話と価格リストに関するものです。

(男性) インディアナポリス行きの席を予約したいのですが。㉝次の列車はいつ出発しますか。
(女性) 午前1時20分に出発する列車があります。それには空席がたくさんあります。
(男性) もしそれより早く出発するものがないなら、それでいいです。午前7時までに到着するのであれば。㉞そこでの重要な会議に遅れるわけにはいかないので。
(女性) では、いつお戻りになりますか。
(男性) 4月12日の午後8時以降で、できるだけ早くしたいですね。㉟200ドル以下で買える最高の席を予約してもらえますか。
(女性) わかりました。お客様のご予約をお取りします。

座席区域（等級によるランク）	価格
プレミアム	270 ドル
ファーストクラス	220 ドル
ビジネスクラス	197 ドル ㉟
エコノミー	170 ドル
スーパーエコノミー	120 ドル

● 設問・選択肢
□ account 名 口座　　□ critical 形 重要な
● スクリプト
□ as long as　～するかぎり

PART 4

Questions 36-38

36. 正解：(C)　トークのテーマ　★★

先読み Point!　What →「何のための指示か」を聞き取ろう。

解説　冒頭で Thank you for downloading this audio guide to the Summer Palace. と、「ダウンロードをしてくれた顧客にお礼を言っている」。また3文目では Since the palace is so large, you can choose from two separate tours. と、「聞き手が2つのツアーから選べる」ことを紹介している、**これは「ツアーに関する指示」であることがわかるので、(C) Going sightseeing が正解である。**

設問・選択肢訳　これは何のための指示ですか。
(A) 地図をアップロードする　　(B) チケットを予約する
(C) 観光に行く　　(D) 電気製品を買う

37. 正解：(A)　詳細情報　★★★

先読み Point!　What →「何をするように奨励されているか」を聞き取ろう。

解説　聞き手は2文目で Please use earphones as you listen to this guide on your phone, tablet or other device, so as not to disturb other visitors. のように、「他のお客様の邪魔にならないように配慮する」ことを勧めている。**これを considerate（思いやって）を使って言い換えた (A) Be considerate of others が正解。**

設問・選択肢訳　聞き手は、何をするように奨励されていますか。
(A) 他の人を思いやる　　(B) 訪問者に質問をする
(C) 他の機器の電源を切る　　(D) 1時間以内に終える

38. 正解：(B)　次の行動　★★★

先読み Point!　What →「第一歩は何か」を聞き取ろう。

解説　最後のほうで On your device screen, you should now see your tour options. と、「スクリーン上にオプションが見られる」ことを説明し、続く最終文で Please tap the tour that you would like to take. と、「そのオプションの1つをタップする」ように案内している。**最初にすることは「スクリーンをタップする」こと、これを touch（触る）を使って言い換えた (B) Touching a surface が正解である。**

設問・選択肢訳　行程の第一歩は何ですか。
(A) 画面を交換すること　　**(B) 表面を触ること**
(C) 部屋を選ぶこと　　(D) 他のオプションを削除すること

第3章 ハーフ模擬試験〈正解・解説〉

スクリプト

Questions 36 through 38 refer to the following instructions.

㊱ Thank you for downloading this audio guide to the Summer Palace. ㊲ Please use earphones as you listen to this guide on your phone, tablet or other device, so as not to disturb other visitors. ㊳ Since the palace is so large, you can choose from two separate tours. Tour One consists mainly of the interior of the palace, which includes galleries, staircases and banquet rooms. Tour Two consists mainly of the grounds, including a duck pond, stables, and a wooded area. Each of the tours takes about three hours. You can stop, pause, go back or move ahead in your audio guide at any time. ㊳ On your device screen, you should now see your tour options. Please tap the tour that you would like to take.

スクリプトの訳

設問36〜38は次の指示に関するものです。

㊱サマー宮殿の音声ガイドをダウンロードしていただき、ありがとうございます。㊲他のお客様の邪魔にならないように、イヤホンを使って、電話、タブレット、または他の機器でこのガイドをお聞きください。㊳宮殿はとても大きいので、2つの別のツアーから選んでいただくことになります。ツアー1は、ギャラリー、階段、そして宴会場を含む、主に宮殿の内装から成ります。ツアー2は、カモの池、厩舎、そして樹木の茂った所を含む、主な敷地から成ります。ツアーはそれぞれ約3時間かかります。いつでも音声ガイドを止めたり、一時停止したり、戻したり、先送りしたりすることができます。㊳では、機器の画面でツアーのオプションを見てください。あなたが参加したいと思うツアーをタップしてください。

● 設問・選択肢
- considerate 形 思いやりがある
- replace 他 交換する
- delete 他 削除する
- device 名 機器
- surface 名 表面

● スクリプト
- palace 名 王宮
- consist of 〜で成る；〜で構成される
- banquet room 宴会場
- wooded 形 樹木の茂った；森のある
- disturb 他 邪魔をする
- staircase 名 階段（全体）
- stable 名 厩舎；馬屋
- move ahead 先送りする

Questions 39-41

39. 正解：(B)　アナウンスの場所　★

先読みPoint!　Where →「アナウンスがどこで行われているか」を聞き取ろう。

解説　冒頭が We'll begin boarding for Ocean Speed Airways Flight 618 to Manila shortly. で始まっている。**「Flight（航空便）への搭乗開始のアナウンス」**だとわかるので、正解は **(B) At an airport** である。

設問・選択肢訳　アナウンスはどこで行われていますか。
　　(A)　バス乗り場　　　　　　　(B)　空港
　　(C)　電車内　　　　　　　　　(D)　船舶内

40. 正解：(C)　アナウンスのテーマ　★★

先読みPoint!　What →「アナウンスの目的は何か」を聞き取ろう。

解説　3文目にある At this time, we are asking for five volunteers willing to give up their seats to other passengers. で、**「他の人に座席を譲ってくれるボランティアを探している」**ことをアナウンスしている。また、終わりのほうでは If this offer interests you, please approach the ticket agents next to the boarding gate now. と、**「関心のある乗客は係員に申し出る」**ように促している。**したがって正解は (C) To see if there are any volunteers** である。

設問・選択肢訳　このアナウンスの主な目的は何ですか。
　　(A)　予定変更を謝罪すること
　　(B)　メンテナンスの最新情報を提供すること
　　(C)　ボランティアがいるかどうか確認すること
　　(D)　乗客に新しいサービスを提供すること

41. 正解：(B)　次の状況　★★

先読みPoint!　What →「どんな利益か」を聞き取ろう。

解説　4文目の前半に Each person who does so will receive either a free upgrade to First Class on their next flight, とあり、自主的に座席を譲ってくれた人は**「次の便をファーストクラスに無料でアップグレードできる」**と言っている。free を complimentary（無料の）に言い換えた **(B) A complimentary upgrade** が正解である。

設問・選択肢訳　話し手はどんな利益に言及していますか。
　　(A)　駐車の承認
　　(B)　無料のアップグレード
　　(C)　ユーロでの支払いへの割引
　　(D)　より速い搭乗手続き

第3章 ハーフ模擬試験〈正解・解説〉

スクリプト　　　　　　　　　　　　　　　　　　　　CD 66

Questions 39 through 41 refer to the following announcement.

㊴ We'll begin boarding for Ocean Speed Airways Flight 618 to Manila shortly. Before that happens, I'm sorry to inform you that we are overbooked for this flight. ㊵ At this time, we are asking for five volunteers willing to give up their seats to other passengers. ㊶ Each person who does so will receive either a free upgrade to First Class on their next flight, or a 1,270-euro credit on their Ocean Speed Airways account. The credit is valid for 90 days and can be used on any domestic or international Ocean Speed Airways flight. ㊵ If this offer interests you, please approach the ticket agents next to the boarding gate now. I also want to thank everyone for their patience as we complete this process.

スクリプトの訳

設問39～41は次のアナウンスに関するものです。

㊴まもなくオーシャン・スピード・エアウェイズ、マニラ行き618便の搭乗を開始いたします。その前に、この便において予約超過のお知らせをすることをおわび申し上げます。㊵ただ今、座席を他の乗客の方に譲っていただける5名のボランティアの方を募っています。㊶そのお客様は、次の便のファーストクラスへの無料アップグレードか、または、オーシャン・スピード・エアウェイズのアカウントで1270ユーロのクレジットを受け取れます。このクレジットは90日間有効で、オーシャン・スピード・エアウェイズのどの国内線、国際線でも使えます。㊵もし興味がおありでしたら、どうか今すぐ搭乗ゲートの横のチケット係員にお申し出ください。また、我々がこの作業を完了するまでの間、全てのお客様にご協力いただくことに感謝いたします。

● 設問・選択肢
- maintenance 名 メンテナンス；保守管理
- update 名 最新情報
- validation 名 認証；確認
- complimentary 形 無料の

● スクリプト
- overbooked 形 予約超過の
- credit 名 クレジット；金券
- valid 形 有効な
- domestic 形 国内（線）の
- next to ～の隣にある
- patience 名 忍耐
- complete 他 完了する

Questions 42-44

42. 正解：(C)　詳細情報　★★

先読み Point!　What → 「何が述べられているか」を聞き取ろう。

解説　3文目の Owned and operated by dentists James Wolfe, Amanda Kim and Harold Steffens for nine years, の個所から、**この医院は3人の歯科医によって所有されているとわかる。「個人の所有である」とする (C) It is privately owned. が正解である。**

設問・選択肢訳　医院について何が述べられていますか。
(A) 新しく開院した。
(B) 最近、移転した。
(C) 個人の所有である。
(D) 治療に関する賞を獲得した。

43. 正解：(B)　詳細情報　★★

先読み Point!　What → 「どんな長所が述べられているか」を聞き取ろう。

解説　3文目の後半で the clinic uses the latest technologies and medicines. と、「医院が最新の技術と薬を使用している」ことを話している。**latest を modern に、technologies を equipment に言い換えている (B) Modern equipment が正解。**

設問・選択肢訳　医院のどんな長所が言及されていますか。
(A) 低料金
(B) 最新の機器
(C) 親しみやすいスタッフ
(D) 速い治療

44. 正解：(B)　次の状況　★★

先読み Point!　What → 「何が無料か」を聞き取ろう。

解説　最後で To sign up for a free consultation, go to www.happysmiledentalonline.com と言っていて、**「無料の相談を受けるためにサイトを訪れる」ことを勧めている。したがって、(B) Individual consultations が正解。**

設問・選択肢訳　何が無料で提供されていますか。
(A) 実験的な痛み止めの薬
(B) 個人的な相談
(C) 国民保健制度
(D) 限定的な歯の検査

第3章 ハーフ模擬試験〈正解・解説〉

スクリプト

Questions 42 through 44 refer to the following advertisement.

Your teeth are important not only for giving you a great smile, but also for maintaining your general health. Here at Happy Smile Dental Clinic on 27 West Avenue, we make sure that our patients receive the best dental care available. <u>⓬ Owned and operated by dentists James Wolfe, Amanda Kim and Harold Steffens for nine years,</u> <u>⓭ the clinic uses the latest technologies and medicines.</u> We also accept most forms of private or public health insurance for dental examinations, tooth repair, braces and other dental work. <u>⓮ To sign up for a free consultation, go to www.happysmiledentalonline.com</u> or call us at 800-555-2009.

スクリプトの訳

設問42～44は次の広告に関するものです。

あなたの歯は、すばらしい笑顔をもたらすだけではなく、総合的に健康を維持するのにとても重要です。ここウエスト通り27番地のハッピースマイル歯科では、患者様が最高の歯科治療を受けられることをお約束いたします。<u>⓬歯科医のジェームズ・ウルフ、アマンダ・キム、そしてハロルド・ステフェンズによって9年間所有され運営されている</u><u>⓭この医院は、最新の技術と薬を使用しています。</u>また、我々は、歯の検査、矯正、歯列矯正装置やその他の歯科治療に対して、ほとんどの種類の個人保険または公共保険を受け付けています。<u>⓮無料相談のための申し込みは、www.happysmiledentalonline.com のサイトへ行くか、800-555-2009 へお電話を</u>ください。

● 設問・選択肢
- □ relocate 他 引っ越しさせる
- □ own 他 所有する
- □ award 名 賞
- □ equipment 名 機器；備品
- □ experimental 形 実験の
- □ insurance plan 保険契約
- □ privately 副 個人的に
- □ treatment 名 治療
- □ fee 名 料金
- □ care 名 治療
- □ consultation 名 相談；診察
- □ limited 形 限定された

● スクリプト
- □ maintain 他 維持する
- □ tooth repair 歯の矯正
- □ sign up for ～に登録する；～に予約する
- □ operate 他 運営する
- □ brace 名 歯列矯正装置；ブリッジ

模試正解

251

Questions 45-47

45. 正解：(A)　詳細情報　★★

先読みPoint! What → 「何が作られているか」を聞き取ろう。

解説　冒頭の OK, now that everyone's here, I'd like to go over what we do here. から、「作業の工程」についての説明だとわかる。Making pizzas is fairly simple. First, we place the pizza dough here. After that, we ～ と続いていて、**「ピザを作る工程」の説明とわかるので、(A) Food items** が正解である。

設問・選択肢訳　何が作られていますか。
- (A) 食品
- (B) 電子装置
- (C) 家庭用の家具
- (D) 産業機器

46. 正解：(B)　詳細情報　★★

先読みPoint! What → 「何を強調しているか」を聞き取ろう。

解説　中ほどにある Always remember that（いつも忘れないでください）で始まる文は、この後に強調する内容がくると予測できる。Always remember that it's critical to never touch anything hot, and follow the other kitchen safety rules. とあり、**「熱いものに触らず、安全ルールを守る」ことを求めているので、正解は (B) Safety is always the priority.** である。

設問・選択肢訳　話し手は作業について何を強調していますか。
- (A) マネージャーは公平に行動しなければならない。
- **(B) 安全が常に優先される。**
- (C) 手袋なしでは何にも触らない。
- (D) 従業員は変革することに遠慮をしない。

47. 正解：(C)　次の行動　★★

先読みPoint! What → 「何をするように求められているか」を聞き取ろう。

解説　後半に Watch Carol and John—two of our senior kitchen staff—as they make two different pizzas for a customer. とあり、**「上級キッチンスタッフのキャロルとジョンがピザを作るところを見る」ように言っている**。senior を experienced に言い換えた **(C) Watch experienced staff** が正解である。

設問・選択肢訳　聞き手の人たちは何をするように求められていますか。
- (A) 必要に応じて遮る
- (B) お客様を手伝う
- **(C) 経験豊かなスタッフを見る**
- (D) 短いピザ休憩をとる

第3章 ハーフ模擬試験〈正解・解説〉

スクリプト

CD 68

Questions 45 through 47 refer to the following excerpt from a meeting.

⑮ OK, now that everyone's here, I'd like to go over what we do here. Making pizzas is fairly simple. First, we place the pizza dough here. After that, we cover it in tomato sauce. Then, we place on other toppings, such as pepperoni, sausage or vegetables, based on what the customer wants. Lastly, we put the pizza into this oven. After you've done it for just a few hours, you'll start to gain a little proficiency. ⑯ Always remember that it's critical to never touch anything hot, and follow the other kitchen safety rules. ⑰ Watch Carol and John—two of our senior kitchen staff—as they make two different pizzas for a customer. Don't interrupt them, but, as they go, feel free to ask me any questions about what they are doing.

スクリプトの訳

設問45〜47は次の会議からの抜粋に関するものです。

⑮それでは、ここにいる皆さん、これからすることを確認したいと思います。ピザ作りはかなり単純です。最初に、我々はピザ生地をここに置きます。その後、トマトソースでそれを覆います。そして、お客様の希望するものに基づいてペパロニやソーセージ、野菜といった他のトッピングを載せます。最後に、我々はピザをオーブンに入れます。皆さんは2、3時間ほどその作業をしたら、おおよそのコツをつかめます。⑯熱いものに手を触れないことが大切であることをいつも忘れないでください。そして、その他のキッチンの安全規則に従ってください。⑰我々の上級キッチンスタッフの2人、キャロルとジョンがお客様のために2枚の異なるピザを作るのを見てください。彼らの邪魔はしないでください。ですが、作業中、彼らがしていることについて、どんな質問でも自由に私にたずねてください。

● 設問・選択肢
- device 名 機器
- industrial 形 工業の
- priority 名 優先すること・もの
- interrupt 他 遮る；邪魔をする
- break 名 休憩
- household 形 家庭の
- fairly 副 公平に
- innovate 自 革新する；変革する
- experienced 形 経験豊かな；熟練した

● スクリプト
- go over 〜を点検する；〜を調べる
- pizza dough ピザ生地
- pepperoni 名 ペパロニ（牛肉と豚肉で作る香辛料の効いたソーセージ）
- proficiency 名 熟達；熟練
- fairly 副 かなり
- topping 名 トッピング
- critical 形 重要な

Questions 48-50

48. 正解：(A)　聞き手の推測　★★

先読みPoint!　Who → 「聞き手は誰か」を聞き取ろう。

解説　冒頭は OK, please gather around. で始まり、スタッフを集めた後に We've got the next five hours to get this building clean. と、ビルの清掃作業にかける時間について話している。**「聞き手は清掃作業をする人たち」**であり、選択肢で最も当てはまるものを選ぶと (A) Maintenance staff である。

設問・選択肢訳　聞き手の人たちは、誰だと思われますか。
(A) 保守管理スタッフ　　　　(B) 建設労働者
(C) トラック運転手　　　　　(D) 在庫管理マネジャー

49. 正解：(D)　詳細情報　★★

先読みPoint!　What → 「どれが真実か」を聞き取ろう。

解説　The building is closed to the public until 6:00 A.M., から、**「このビルは今は閉まっていて、午前6時に開く」**とわかる。したがって、正解は (D) It is currently closed. である。

設問・選択肢訳　話し手によると、ビルについてどれが真実ですか。
(A) 1階だけである。　　　　(B) 午後6時に開く。
(C) 省エネ型である。　　　　(D) 現在、閉鎖されている。

50. 正解：(C)　図表関連　★★★

先読みPoint!　What → リストを見て、「Lena がどのチームに所属するか」を聞き取ろう。

解説　終わりのほうで話者は Lena に話しかけた後に I'm assigning you to work on Susan's team, though. と**「スーザンのチーム」**に入ることを命じている。**リストより、スーザンがリーダーであるチームを探すと、(C) On Team 4 が正解だとわかる。**

設問・選択肢訳　図表を見てください。リーナはどのチームに入りますか。
(A) チーム2　　　　　　　　(B) チーム3
(C) チーム4　　　　　　　　(D) チーム5

スクリプト

Questions 48 through 50 refer to the following talk and list.

OK, please gather around. ㊽ We've got the next five hours to get this building clean. ㊾ The building is closed to the public until 6:00 A.M., so we won't be bothered by anyone coming in or out. To make sure that it's done as quickly and efficiently as possible, I'm dividing you into teams.

第3章 ハーフ模擬試験〈正解・解説〉

Each team will take one floor of the building. Team one will take the first floor, team two the second floor, and so on. Lena, it's your first day with us, so I didn't have time to put you on the list. ㊿ I'm assigning you to work on Susan's team, though. She'll show you how everything is done.

Team Number	Members
One	Leader: Mary Members: Thomas, Eun-young
Two	Leader: Harold Members: Miranda, Renata
Three	Leader: Ahmed Members: Calvin, James
Four	Leader: Susan ㊿ Members: Marvin
Five	Leader: Arnold Members: Chi, Erin

スクリプトの訳

設問48～50は次のトークとリストに関するものです。

さあ、周りに集まってください。㊾我々がこのビルを掃除するのに今から5時間あります。㊽このビルは、一般の方には午前6時まで閉鎖されるので、出入りする人に邪魔されることはありません。可能なかぎり迅速かつ効率的に済ませるために、皆さんにはチームに分かれてもらいます。1チームあたり、ビルの1フロアを受け持ちます。チーム1は1階を受け持ち、チーム2は2階を、という具合です。リーナ、あなたは今日が仕事の初日ですので、リストに載せる時間がありませんでしたが、㊿スーザンのチームに入って作業してください。彼女が、すべてのことがどのようになされるか説明してくれます。

チーム番号	チームメンバー
1	リーダー：メアリー メンバー：トーマス、ウンヨン
2	リーダー：ハロルド メンバー：ミランダ、レナタ
3	リーダー：アームド メンバー：カルビン、ジェームス
4	リーダー：スーザン㊿ メンバー：マービン
5	リーダー：アーノルド メンバー：チー、エリン

● 設問・選択肢
- maintenance 名 保守管理
- contain 他 含む
- currently 副 現在は
- inventory 名 在庫
- energy-efficient 形 省エネの

● スクリプト
- gather around 集合する
- efficiently 副 効率的に

PART 5

51. 正解：(D)　品詞識別　★

選択肢 Check! type の派生語が並ぶ品詞識別問題である。

解説 この文にはすでに述語動詞 tests（テストする）がある。また、主語は会社で Co. で完結している。主語と述語動詞の間に入る要素は、副詞しかない。したがって、**(D) typically（一般的に）が正解となる。**

Trendall Pharmaceuticals Co. ------- tests products for an extended time before their release.
トレンドール製薬社は一般的に、発売する前に長期間にわたって製品をテストする。

(A) type （型）　**名詞**
(B) typify （〜の典型となる）　**動詞**
(C) typical （典型的な）　**形容詞**
(D) typically （一般的に；典型的には）　副詞

☐ pharmaceuticals 名 製薬会社　　　☐ extended 形 長期の；延長された
☐ release 名 発表；発売

---

52. 正解：(C)　単語問題　★★

選択肢 Check! さまざまな名詞が並ぶ単語問題である。

解説 「ゼッド・タイヤ社は、価格と品質の双方を〜して競争を展開している」という文脈。**(C) basis は「基盤；基礎」という意味で、これを入れると「価格と品質の双方に基づいて競争している」となり、意味が通る。** on the basis of（〜を基盤にして）という表現を知っていれば、簡単に選べるだろう。

Zed Tire Corporation competes on the ------- of both price and quality.
ゼッド・タイヤ社は、価格と品質の双方を基盤にして競争を展開している。

(A) money （お金）
(B) contract （契約）
(C) basis （基盤；基礎）
(D) reaction （反応）

☐ compete 自 競争する　　　☐ quality 名 品質

第3章　ハーフ模擬試験〈正解・解説〉

53. 正解：(C)　文法問題　★★

選択肢Check!　代名詞と関係代名詞が並ぶ文法問題である。

解説　空所はカンマの直後にあり、カンマの前の文とつなぐことを考えれば代名詞の (A) it や (B) she では用をなさない。**関係代名詞のどちらかだが、カンマで区切られた場合（非制限用法）には、that は使えない。したがって、(C) which が正解**になる。ここでは、which はカンマまでの文全体を指し、「トレーシー・ホーンがひときわ懸命に働いたことが〜の理由になる」という文脈である。

Tracey Horne works exceptionally hard, ------- is the reason she was promoted to management.
トレーシー・ホーンはひときわ懸命に働いたが、それが彼女が経営陣に昇格した理由だ。

(A) it　代名詞
(B) she　代名詞
(C) which　関係代名詞
(D) that　関係代名詞

□ exceptionally　副 並外れて；ひときわ　　□ be promoted to　〜に昇格する
□ management　名 経営（陣）

---

54. 正解：(D)　動詞の形　★★

選択肢Check!　動詞 publish のさまざまな形が並ぶ問題である。

解説　まず、この文には述語動詞がないので、入るのは述語動詞。不定詞の (A) や ing 形で始まる (B) は不適。次に by its marketing department に注目して、catalog と空所の関係を考えると、「カタログはマーケティング部によって発表される」と受け身になるはずである。**受け身の形は (D) will be published である。**

The Qapex Glass Co. product catalog ------- online by its marketing department.
カペックス・ガラス社の製品カタログは、マーケティング部によってネット上に発表される。

(A) to publish　不定詞
(B) being published　現在分詞・受け身
(C) is publishing　現在進行形
(D) will be published　未来形・受け身

257

55. 正解：(B) 動詞の形　★★

選択肢 Check!　動詞 cooperate のさまざまな形が並ぶ問題である。

解説　この文にはすでに build という述語動詞がある。述語動詞は重複しては要らないので、まず (C) と (D) を外せる。次に空所は名詞・副詞の次にあるので、to 不定詞では regularly が浮く上に、Employees ともうまくつながらない。**現在分詞の (B) cooperating を選べば、「いつも相互に協力し合う社員」となり、主語のまとまりをつくれる。**

Employees regularly ------- among one another build creativity at Laneer Animations Co.
レイニア・アニメーションズ社では、いつも相互に協力し合う社員が創造性を発揮する。

(A)　to cooperate　不定詞
(B)　cooperating　現在分詞
(C)　will cooperate　未来形
(D)　have been cooperating　現在完了進行形

□ regularly　副 いつも；定期的に　　□ one another　互いに
□ creativity　名 創造性

---

56. 正解：(A)　副詞・接続詞　★

選択肢 Check!　副詞と接続詞が混在した文法問題である。

解説　空所は文の最後にある。接続詞は後ろに文の要素〈S + V〉がこないといけないので、文の最後では使えない。ここから (B)、(C)、(D) はいずれも不可。**副詞の (A) ahead（この先に）が正解になる。**

Ms. Chen told her team members that they would have a full day of seminars -------.
チェン氏は彼女のチームのメンバーに、この先に1日がかりのセミナーがあることを伝えた。

(A)　ahead（この先に）　副詞
(B)　because（～だから）　接続詞
(C)　unless（もし～でないなら）　接続詞
(D)　since（～から；～なので）　接続詞

第3章 ハーフ模擬試験〈正解・解説〉

57. 正解：(C) 動詞の形 ★★

選択肢 Check! 動詞 distribute のさまざまな形が並ぶ問題である。

解説 この文には述語動詞がないので、入るのは述語動詞。まず、不定詞の (A) を外せる。この文の主語は notice（通知）で、動詞 distribute（配布する）との関係を考えると、「通知は配布される」と態は受け身でなければならない。**受け身になっているのは (C) was distributed である。**

A notice about upcoming construction at the worksite ------- to encourage local feedback.
もうすぐその現場で建設が行われるとの通知が、地元住民の反応を促すために配布された。

(A) to distribute　不定詞
(B) distributes　現在形・三人称単数
(C) was distributed　過去形・受け身
(D) is distributing　現在進行形

☐ notice 名 通知；知らせ
☐ construction 名 建設
☐ encourage 他 促す
☐ upcoming 形 近い将来の
☐ worksite 名 (仕事の) 現場
☐ feedback 名 反応；意見

---

58. 正解：(B) 比較・品詞識別 ★★

選択肢 Check! 比較表現と space の派生語が組み合わされた文法問題である。

解説 空所は動詞 offers と名詞 facilities にはさまれている。facilities は offers の目的語と考えられるので、空所は facilities を修飾できる要素でないといけない。つまり、**形容詞が必要なので、spacious が入った (B) が正解となる。**

The Physer Way Building offers ------- facilities for firms.
サイザーウェイ・ビルディングは企業に、もっと広々とした施設を提供します。

(A) more spaciously　副詞の比較級
(B) much more spacious　形容詞の比較級
(C) more spaciousness　more + 名詞
(D) most space　most + 名詞

☐ facility 名 施設

259

59. 正解：(A)　単語問題　★★

選択肢 Check! さまざまな動詞が並ぶ単語問題である。

解説 空所に入る動詞の目的語は its supplier agreements（その供給契約）である。「契約」と相性のいい動詞を探すと (A) renew（更新する）しか適当なものはない。

Umber Cement Corporation may ------- its supplier agreements, if it can receive lower prices.

アンバー・セメント社は、もしさらに安価な価格を受けられるなら、供給契約を更新するかもしれない。

(A) renew（更新する）
(B) heighten（高める）
(C) lease（貸し出す）
(D) subscribe（購読する）

☐ supplier 图 供給業者；サプライヤー　　☐ agreement 图 契約

---

60. 正解：(C)　動詞の形　★★★

選択肢 Check! 動詞 range のさまざまな形が並ぶ問題である。

解説 空所はカンマの次にあり、この位置に述語動詞を入れるのは無理。またこの文にはすでに述語動詞の are がある。まず、述語動詞の (B) と (D) を外せる。また、不定詞は通例カンマの後で使わないが、意味的にも「1年間75ポンドから900ポンドの間になるために」とおかしくなるので、(A) も不可。**現在分詞の (C) ranging が正解となる**。空所以降は「年間75ポンドから900ポンドまでに及んで」という意味になる。

Westbrooke Science Museum memberships are available online, ------- from £75 to £900 per year.

ウエストブルック科学博物館の会員資格は、1年間75ポンドから900ポンドまでの範囲で、オンラインで入手できる。

(A) to range　不定詞
(B) will range　未来形
(C) ranging　現在分詞
(D) have ranged　現在完了形

☐ membership 图 会員資格　　☐ available 形 入手できる
☐ per 前 ～につき；～あたり

第3章 ハーフ模擬試験〈正解・解説〉

61. 正解：(B)　単語問題 ★★

選択肢 Check!　さまざまな動詞が並ぶ単語問題である。

解説　change 以下の文脈は「地方空港を使う旅行に〜する変化」。(B) affect は「影響を及ぼす」の意味で、これを選べば「地方空港を使う旅行に影響を及ぼす変化」となり、文意が通る。

Central Weather Services keeps travelers aware of any change that could ------- travel through local airports.

セントラル・ウェザー・サービシズは、地方空港を使う旅行に影響を及ぼす、いかなる変化も常に旅行者にお伝えします。

(A) reflect（反映する；熟考する）
(B) affect（影響を及ぼす）
(C) compare（比較する）
(D) organize（組織する）

□ aware of　〜を知っている

---

62. 正解：(C)　単語問題 ★★★

選択肢 Check!　接続詞句と前置詞句が並ぶ単語問題である。

解説　空所の後は文になっているので、接続詞句でないといけない。まず、前置詞句の (B) と (D) を外せる。文意を考えると、カンマまでは「クボタ氏の部は予算を削減された」、カンマの後は「彼女は1年の残りの期間に新入社員を採用することはないだろう」。**前半が後半の前提条件となっているので、(C) Given that（〜を考えれば）を選ぶ。** (A) So that は「〜するために」と目的を表すので不可。

------- Ms. Kubota's department experienced a budget cut, she may not hire any new staff for the rest of the year.

クボタ氏の部は予算を削減されたことを考えれば、彼女は1年の残りの期間に新入社員を採用することはないだろう。

(A) So that（〜するために）　接続詞句
(B) Along with（〜と一緒に）　前置詞句
(C) Given that（〜を考えれば）　接続詞句
(D) As well as（〜と同様に）　前置詞句

□ experience　他 経験する；被る　　□ budget　名 予算
□ hire　他 採用する

63. 正解：(A) 単語問題 ★★★

選択肢 Check! さまざまな動詞句が並ぶ単語問題である。

解説 カンマまでは「ゲンシ・エレクトロニクスのエンジニアは会社の経費でオンライン講座を受講できる」、カンマの後は「通常業務に～しないかぎり」。**(A) take away from は「～の価値を落とす」で、do not のあるこの文脈では「通常業務に支障をきたさないかぎり」となり文意が通る**。(D) back out of は「～から手を引く；～を取り消す」の意味で、文意に合わない

Gensi Electronics engineers can take online courses at company expense, as long as they do not ------- normal work duties.

ゲンシ・エレクトロニクスのエンジニアは、通常業務に支障をきたさないかぎり、会社の経費でオンライン講座を受講できる。

(A) take away from（～に支障をきたす）
(B) sign up for（～に登録する）
(C) come up with（～を考え出す）
(D) back out of（～から手を引く）

☐ as long as　～するかぎり　　　　☐ duty　名業務

---

64. 正解：(B) 単語問題 ★★

選択肢 Check! さまざまな形容詞が並ぶ単語問題である。

解説 空所の次は cash で、これは数えられない名詞。複数の名詞を修飾する (C) these や (D) several は不可。**(B) much（多くの）を入れると、「多額のお金を持ち歩くことはない」と自然な流れになる**。(A) little は「ほとんど～ない」と否定の意味があるので、not と一緒には使えない。

Harriet does not carry ------- cash since she can use her credit or debit card in local outlets.

ハリエットは地元の小売店ではクレジットカードかデビットカードを使うことができるので、多額の現金を持ち歩くことはない。

(A) little（ほとんど～ない）
(B) much（多額の）
(C) these（これらの）
(D) several（いくつかの）

☐ debit card　デビットカード（口座引き落とし専用のカード）
☐ outlet　名小売店；店

65. 正解：(A)　単語問題　★★

選択肢 Check! さまざまな副詞が並ぶ単語問題である。

解説　文脈は「Altas Insuranceの保険金はいつも〜に支払われる」。保険会社が保険金をどのように支払うかを考える。**「迅速に（promptly）」支払うのが保険会社のサービスに適っているので、(A) が正解になる。**

Benefits from Altas Insurance plans are always ------- paid out.
アトラス・インシュアランスの保険金はいつも迅速に支払われる。

(A) promptly（迅速に）
(B) intensively（集中的に）
(C) respectively（それぞれに）
(D) approximately（おおよそ）

☐ benefits　名 保険金　　　　☐ pay out　〜を支払う

PART 6

Questions 66-69

66. 正解：(B) 文選択 ★★

選択肢 Check! 「文選択」の問題なので、後続の文との関連性を探ろう。

解説 次の文以降では、一貫して pass（パス；定期券）の説明が続く。第2文も The pass で始まるので、空所の文には pass という言葉が使われていないといけない。pass が使われているのは (B) と (C) だが、(C) は「パスをネットでも買える」と述べているのに、次の文では「パスはこのパッケージに入っています」となっていて、流れがおかしい。**(B) の「国内交通パスを購入いただきましてありがとうございます」を選べば、次の文にスムーズにつながる。**

(A) お客様におかけしましたご不便をお詫び申し上げます。
(B) 国内交通パスをご購入いただきましてありがとうございます。
(C) お客様はネットでも交通パスを購入することができます。
(D) 通勤する人は公共交通機関の利用をお勧めします。

67. 正解：(A) 単語問題 ★★

選択肢 Check! さまざまな動詞が並ぶ「単語問題」である。

解説 空所の次の it は、それまでの文脈より a national transportation pass（国内交通パス）を指す。by 以下の「888-555-9091 に電話するか、www.nattransportpass.com. にアクセスするかによって」パスをどうするかを考える。**(A) activate には「起動させる」の意味があるので、これが正解**。他の選択肢は、(B) ship（発送する）、(C) conduct（実施する）、(D) track（追跡する）。

68. 正解：(D) 単語問題 ★

選択肢 Check! さまざまな副詞が並ぶ「単語問題」である。

解説 空所の文は「私どもは～、少しお時間を取っていただき、パスを登録されることをお勧めします」という意味。前文で「パスを起動させる」よう促していて、この文では「パスを登録する」よう勧めている。**追加情報を紹介しているので、(D) also（また）が文意に合う**。他の選択肢は、(A) probably（おそらく）、(B) actually（実のところ）、(C) lately（最近）。

69. 正解：(B) 動詞の形 ★★

選択肢 Check! enable のさまざまな形が並ぶ「動詞の形」問題である。

解説 空所の前は「パスをそこに登録すること」、空所の後は「迅速な交換を受けること」。前者が行われてはじめて後者が可能になる、という関係である。したがって、述語動詞は未来形か仮定法でなければならない。選択肢に仮定法はないので、**未来形の (B) will enable を選ぶ。**

訳

設問66～69は次の情報に関するものです。

⑥⁶国内交通パスをご購入いただきましてありがとうございます。パスはこのパッケージに入っています。888-555-9091 に電話するか、www.nattransportpass.com. にアクセスするかでパスを⑥⁷起動できます。

私どもは⑥⁸また、お客様に少しお時間を取っていただき、パスを登録されることをお勧めします。これは私どものウェブサイトでのみできます。パスをそこにご登録いただけましたら、交換が即座に⑥⁹できるようになります。カードの紛失または盗難の際に、これは大切になります。

● 問題文
- □ pass 名 定期券；パス
- □ packet 名 パッケージ；小包
- □ register 他 登録する
- □ enclose 他 同封する
- □ recommend 他 推奨する
- □ replacement 名 交換

● 設問・選択肢
- □ cause 他 引き起こす
- □ transportation 名 交通機関
- □ purchase 他 購入する
- □ urge 他 促す

Questions 70-73

70. 正解：(B)　単語問題　★★

選択肢 Check!　さまざまな名詞が並ぶ「単語問題」である。

解説　空所の文は「多くの人は〜を変えることを考えています」。何を変えるかだが、**第1パラグラフの最後に work options（仕事の選択肢）という表現がある**ので、「仕事を変える」と考えられる。(B) careers が正解。

71. 正解：(C)　単語問題　★★★

選択肢 Check!　さまざまな動名詞が並ぶ「単語問題」である。

解説　空所の文は「しかし、そうする前に、〜を受けるのがいつでもいい方針です」。何を受けるかを前後の文から突き止める。前文から対象者は「転職（change their careers）を考えている人」である。また、2文先に「参加者は、実り多いキャリアの開拓について、専門家と話す（speak with experts）機会がある」と書かれている。**「専門家と話す」もヒントに (C) consulting（コンサルティング）を選ぶ**。他の選択肢は、(A) translating（翻訳）、(B) uploading（アップロード）、(D) financing（融資）。

72. 正解：(A)　前置詞　★

選択肢 Check!　さまざまな前置詞が並ぶ「単語問題」である。

解説　we are offering this ------- 9:30 A.M. to 12:30 P.M. で考える。this は service を指すので、------- 9:30 A.M. to 12:30 P.M. はサービスを提供する時間の範囲と予測できる。**to（〜まで）との呼応を考えて、(A) from（〜から）を選ぶ**。

73. 正解：(C)　文選択　★★

選択肢 Check!　「文選択」の問題で、ここでは広告の結びになる文が必要。広告の内容との関連性を探ろう。

解説　(C) の this event は、第2パラグラフより、10月26日に提供されるものを指す。**「このイベントをぜひあなたのスケジュールに付け加えてください」は、広告本文との関連性もあり、また結びの文としてもまとまっているので、(C) が正解。**
(A) は Supply、(B) は Memberships、(D) は a card がそれぞれ広告本文に書かれていないので、いずれも不適。

(A) 在庫にかぎりがありますので、お遅れになりませんように。
(B) 会員の方は出席していただく必要はありません。
(C) このイベントをぜひあなたのスケジュールに付け加えてください。
(D) カードなしでもディスカウントが受けられます。

訳

設問70〜73は次の広告に関するものです。

ハンドン・コミュニティセンター

多くの人は転⁷⁰職を考えています。しかし、そうする前に、⁷¹コンサルティングを受けることをお勧めします。これは、仕事の選択肢に専門家の意見を聞くことが常に望ましいからです。

公共サービスとして、私たちは10月26日土曜日の午前9時30分⁷²から午後12時30分まで、このコンサルティングを提供します。さまざまな分野の経験豊富な専門家がセミナーと個別面談の両方でアドバイスを提供いたします。これはどなたにも無料で提供されるもので、働いている人は見逃すことができません。

⁷³このイベントをぜひあなたのスケジュールに付け加えてください。

● 問題文
□ look to　〜することを期待する　　□ go through　〜を受ける；〜を経験する
□ miss　他 見逃す
● 設問・選択肢
□ supplier　名 納入業者　　　　　　□ translate　他 翻訳する
□ merge　自 合併する

PART 7

Questions 74-75

74. 正解：(B)　ピンポイント情報　★★

情報検索Point!　「このアンケートが対象とする人」を探す。

解説　冒頭にある By answering the questions below, you enable us to provide better service.（以下の質問にお答えいただくことで、私たちがよりよいサービスを提供できるようになります）と、質問の1問目の Is this your first time at our store?（今回、当店を初めてご利用いただきましたか）に注目する。この2個所からだけでも、**アンケートの対象が (B)「店の買い物客」**だとわかる。

75. 正解：(C)　ピンポイント情報　★★

情報検索Point!　Mr. Grimes のこの店に対する complaint（不満）を探す。

解説　最後の自由記述の質問への回答に、Mr. Grimes は I was looking for two or three popular brands. I really wanted to get one of these for my daughter, but I didn't see any in stock. と書いている。**「とても欲しいものの在庫がなかった」**と言っているので、**(C)「在庫のない商品」**が正解になる。ほかの項目は1～5の評価ですべて5になっている。

訳

設問74～75は次のアンケートに関するものです。

スピーディーワン・Tシャツ・ショップ
www.speedy1tees.net
スコット・ブルバード4230　サンタクララ、カリフォルニア州

アンケート

私たちにとってお客様のご意見はとても大切です。以下の質問にお答えいただくことで、私たちがよりよいサービスを提供できるようになります。

↕ Q74 アンケートが対象とする人
今回、当店を初めてご利用いただきましたか。　[X] はい　[ ] いいえ

次の項目を1点から5点で評価してください。1点は「よくない」、5点は「すばらしい」です。

スタッフの親切さ	[X] 1	[ ] 2	[ ] 3	[ ] 4	[ ] 5
店の清潔さ	[ ] 1	[ ] 2	[ ] 3	[ ] 4	[X] 5
ブランドの品揃え	[ ] 1	[X] 2	[ ] 3	[ ] 4	[ ] 5
商品の価格	[ ] 1	[ ] 2	[ ] 3	[ ] 4	[X] 5
店の立地	[ ] 1	[ ] 2	[ ] 3	[ ] 4	[X] 5

第3章　ハーフ模擬試験〈正解・解説〉

お客様のすべてのご質問にスタッフは答えましたか。
[ ] はい　[X] いいえ

今日、当店でのお買い物に満足されましたか。
[ ] はい　[X] いいえ

未解決のクレームや問題が何かありますか。
[X] はい　[ ] いいえ

以下の行には、コメントをお書きください：
　　　　　　↓ **Q75 店への不満**
私は２、３の人気ブランドを探しておりました。その１つは娘のためにとても買いたかったものですが、在庫がありませんでした。おたくの店員はそれらブランドがいつ入荷するのか説明できませんでした。

記入自由：
お名前：クリストファー・グライムズ
メール：christopher272@zeronet.com
自宅または携帯の番号：408-555-3762
追加のご質問についてご連絡してもよろしいですか。
[ ] いいえ、連絡しないでください。
[X] はい、以下の方法で連絡をお願いします
　　上記に記入した　[X] メール　[ ] 電話番号

74. このアンケートはだれを対象にしたものでしょうか。
　　(A) 店の従業員　　　　　　　　(B) **店の買い物客**
　　(C) ニュースメディア　　　　　(D) 衣料品デザイナー

75. グライムズさんが、スピーディーワン・Ｔシャツ・ショップについてもっている不満は何ですか。
　　(A) 店の清潔さ　　　　　　　　(B) ブランドの価格
　　(C) 在庫のない商品　　　　　(D) 店の立地

● **問題文**
□ questionnaire　アンケート
□ enable　他 ～を可能にする
□ scale　名 基準
□ outlet　名 店舗
□ complaint　名 クレーム；不満

□ value　他 ありがたく思う；評価する
□ rate　他 評価する
□ outstanding　形 すばらしい
□ unresolved　形 解決していない
□ optional　形 選択自由の

● **設問・選択肢**
□ intend　他 ～を意図する

□ retail shopper　小売店の客

Questions 76-78

76. 正解：(A)　関連情報　★★

情報検索Point!「cost control committee（経費管理委員会）」について考える。

解説　Allen は1回目のメッセージで、Do you want me to cancel the1:00 P.M. cost control committee meeting? と、「経費管理委員会」の**「午後1時の会議をキャンセルしたいか」**と聞いている。また、Sharon の2回目のメッセージは、これを受けて No, but reschedule it to 4:00 P.M. I should be back by then. と、**「会議の4時への変更」**を求めている。これらから、**「その集まりは別の時間に移動するだろう」**とする (A) が正解。他の選択肢は、問題文に記述がない。

77. 正解：(C)　表現の意図　★★★

情報検索Point!「You never know.」の意図を探る。

解説　Sharon は「もう1つ、同じ部屋が使えるか確かめておいて。誰か他の人が予約しているかもしれない」の次に You never know. と言っている。彼女のメッセージだけではわからないので、次の Allen のメッセージを見ると、「そうするよ。誰かが押さえていたらどうしよう？」と返している。つまり、**You never know. は「同じ部屋が使えるかどうかを調べる」ように Allen に促す機能である。ここから、(C) の「状況を調べるべきだ」が最適**。(B) は problem（問題）が何を指すか不明であるし、You never know. が単に「理解不能である」と言っているのではないので不適。

78. 正解：(D)　単語問題　★★

情報検索Point!「get on」の文脈での意味をつかむ。

解説　Okay, I'll get on that. で使われている。that は、シャロンの「そのときには、別の会議室に変更してちょうだい。どれも空いていなければ、私のオフィスで会いましょう」を受けたもの。つまり、**that を「実行する；進める」という意味と考えられるので、選択肢で最適なのは (D) manage（管理する）である**。

訳

設問76〜78は次のテキストメッセージ・チェーンに関するものです。

シャロン：10:40 A.M.
クライアントに会うために外出しなければならなくなりました。後で戻るわ。

アレン：10: 43 A.M.
了解。午後1時の経費管理委員会の会議をキャンセルしようか。君が司会をする予定だよ。　↑ **Q76** 経費管理委員会の関連情報

シャロン：10: 47 A.M.

270

第3章　ハーフ模擬試験〈正解・解説〉

いいえ、でも午後4時に遅らせて。そのときまでに戻れるから。
↑ **Q76 経費管理委員会の関連情報**

アレン：10: 52 A.M.
わかった、委員会の全員に予定変更を連絡しておくよ。

シャロン：10: 58 A.M.
もう1つ、同じ部屋が使えるか確かめておいて。誰か他の人が予約しているかもしれない。当たってみないとわからないわね。

アレン：11: 04 A.M.
そうするよ。誰かが押さえていたらどうしよう？
↑ **Q77 表現の意図**

シャロン：11: 09 A.M.
そのときには、別の会議室に変更してちょうだい。どれも空いていなければ、私のオフィスで会いましょう。

アレン：11: 11 A.M.
オーケー、それを進めるよ。
↑ **Q78 単語問題**

76. 経費管理委員会について何が示されていますか。
   (A) その集まりは別の時間に移動するだろう。
   (B) そのメンバーはもっと早めには集まれない。
   (C) 出席者は新しい司会者を選ぶだろう。
   (D) 会議の議題はまだ書かれている最中だ。

77. 午前10：58に「You never know.」とシャロンはどういう意味で書いていますか。
   (A) さらに多くの情報が提供されている。
   (B) 問題を理解することはできない。
   (C) 状況を調べるべきだ。
   (D) 結果はまったくの予想外だ。

78. アレンの最後のメッセージにある「get on」に最も意味が近いのは
   (A) 乗る
   (B) 着ている
   (C) 通過する；手渡す
   (D) 管理する

● 問題文
□ step out　外出する
□ chair　他 司会をする
□ cost control　経費管理
□ get on　〜を進める

● 設問・選択肢
□ gathering　名 集まり
□ agenda　名 議題
□ outcome　名 結果
□ chairperson　名 司会者；議長
□ looked into　〜を調べる
□ entirely　副 まったく；もっぱら

Questions 79-81

79. 正解：(C)　推測問題　★★

情報検索Point!「このプレスリリースが見られる場所」を推測する。

解説　第1パラグラフの The 17th Annual Plastics Exhibition から、このプレスリリースが「プラスチックの展示会」についてのものだとわかる。また、Along with some of the largest corporations in the world, there will be a special section reserved for small and midsized firms. から、**出展するのは「企業」である。ということは、プレスリリースが発表されるのは (C)「ビジネス紙」が最適。**

80. 正解：(A)　NOT 問題　★★

情報検索Point!「展示会について記述のないこと」を探る。NOT 設問なので、消去法を使う。

解説　第2パラグラフに注目。(B)「マスコミの参加」は Along with the media, ～ are expected to attend. に、(C)「政府職員」は A number of local, national, and international officials are also registered. に、(D)「入場の制限」は The event is closed to the general public. にそれぞれ対応する。**(A)「招待の締め切り」だけが記述がないので、これが正解。**

81. 正解：(C)　文挿入　★★

情報検索Point! This space、them、their という代名詞の指すものを探す。

解説　最大のヒントは This space で、直前に「このスペース」が指すものがないといけない。空所の直前の位置にある文で space と似通った意味の単語が使われているのは、**section** のある there will be a special section reserved for small and midsized firms.（中小企業向けの特別セクションも用意されています）である。them や their も small and midsized firms を受けると考えると、「このスペースは、中小企業に自社の製品を紹介する特別な機会を提供するものです」とうまくつながる。**(C) [3] が正解。**

訳

設問79〜81は次のプレスリリースに関するものです。

↓ **Q79** プレスリリースが見られるところ

第17回年次プラスチック展示会は、11月5日から18日まで、ワトル・コンベンションセンターで開催されます。この展示会は、広範な工業用・消費者用プラスチックを紹介します。その多くは初めて公開となるものです。世界屈指の大企業が出展するとともに、中小企業向けの特別セクションも用意されています。　　　↑ **Q79**

第3章 ハーフ模擬試験〈正解・解説〉

このスペースは、中小企業に自社の製品を紹介する特別な機会を提供するものです。
↓ Q80 (B) ある　　↑ Q81 文挿入 [3]
マスコミをはじめ、研究開発、経営、納入・購買部門に属する8万人以上が訪問する予定です。地方、国、海外の政府関係者も数多く登録しています。このイベントは一般には公開されません。　　↑ Q80 (C) ある
↑ Q80 (D) ある
サーキス・プラスチック社の研究部長で、国際プラスチック協会の現会長を務めるアミール・ブトロスが基調演説をする予定です。先週のインタビューで、彼は演説の中で、業界内の最近のビジネスや科学の進展について話したいと語っていました。

79. このプレスリリースはどこで見られるでしょうか。
    (A) 旅行パンフレットで
    (B) 新製品の評価記事で
    (C) ビジネス紙で
    (D) 消費者レポートで

80. 展示会に含まれていると書かれていないのは何ですか。
    (A) 招待の締め切り
    (B) マスコミの参加
    (C) 政府職員
    (D) 入場の制限

81. 次の文は[1][2][3][4]のどの位置に一番よく当てはまりますか。
    「このスペースは、中小企業に自社の製品を紹介する特別な機会を提供するものです」

● 問題文
□ press release　プレスリリース；記者発表
□ annual　形 年次の
□ feature　他 取り上げる；特徴とする
□ consumer　名 消費者
□ for the first time　はじめて
□ corporation　名 企業
□ opportunity　名 機会
□ purchasing　名 購買
□ official　名 政府職員
□ general public　一般人
□ association　名 協会
□ exhibition　名 展示会
□ a wide variety of　非常に多様な〜
□ on display　展示されて
□ along with　〜とともに
□ reserve　他 確保する
□ research and development　研究開発
□ be expected to　〜することが予測される
□ register　他 登録する
□ current　名 現職の
□ keynote address　基調演説

● 設問・選択肢
□ travel brochure　旅行案内書
□ invitation　名 招待
□ participation　名 参加
□ review　名 批評；評価
□ deadline　名 締め切り
□ entrance restrictions　入場制限

Questions 82-85

82. 正解：(B)　文章の目的　★★

情報検索Point!　「記事の主要な目的」を考える。

解説　第1パラグラフで「Professor Julia Gruden が Hiya Cola Corporation のデジタルメディア・マーケティング部長への就任を受諾したこと」と「彼女の経歴」が紹介され、第2パラグラフでは「彼女が仕事を受けた理由」、第3パラグラフでは「彼女の評価」、第4パラグラフでは「就任時期と報酬」がそれぞれ書かれている。これらをまとめると、**「新しい経営幹部を紹介すること」とする (B) が最適である。**

83. 正解：(A)　関連情報　★★

情報検索Point!　「Julia Gruden について示されていること」を探す。

解説　第1パラグラフに and written several books on how corporations and organizations can best promote their products and services. という記述がある。**books を work（著作）に言い換えて「彼女の著作は出版されている」としている (A) が正解。**他の選択肢は対応する記述がない。

84. 正解：(D)　NOT 問題　★★

情報検索Point!　「Hiya Cola Corporation の目標として書かれていないもの」を特定する。

解説　(A)「高度な技術を使う」は developing technically sophisticated marketing approaches に、(B)「最高のスタッフを採用する」は hiring the best talent に、(C)「財務をうまく管理する」は using its financial resources effectively にそれぞれ対応する。**(D)「新しい市場に参入する」だけが記述がないので、これが正解になる。**

85. 正解：(A)　推測問題　★

情報検索Point!　「Cathy Simpson の勤め先」を推測する。

解説　第3パラグラフにある Cathy Simpson, of *Food Industry Monthly*, wrote on her blog に注目。彼女は『フード・インダストリー・マンスリー』に所属していることがわかる。『**フード・インダストリー・マンスリー』は月刊誌と考えられるので、(A)「雑誌」が正解になる。**

274

第3章　ハーフ模擬試験〈正解・解説〉

訳

設問82〜85は次の記事に関するものです。

ビジネス・デイリー
9月29日

↓ **Q82 記事の目的**
ウイン大学のジュリア・グルデン教授は、ヒヤ・コーラ社のデジタルメディア・マーケティング部長の職を受けることになった。グルデン教授は、コンピュータ工学と経営で上級の学位をもっており、企業や組織がその製品・サービスをどのように売り込むのがベストかについて、数冊の本を執筆している。

↑ **Q83 Julia Gruden のこと**　　　　　　　　　　　　　↓ **Q84 (A) ある**
グルデン教授は、仕事を受けた理由について、同社は技術的に洗練されたマーケティング手法を開発し、最も才能に恵まれた人々を採用し、財務資源を効果的に利用して、顧客の消費体験を向上させている、と話した。↑ **Q84 (B) ある**　　**Q84 (C) ある**↑

ウー・ミンシアCEOは、メディアに発表されたメール声明の中で、「グルデン教授が『私たちのチームのすばらしく貴重な新メンバー』になることに自信をもっている」と語った。ビジネスメディアの識者の間では、この人事異動への反応は概ね好意的なものである。『フード・インダストリー・マンスリー』のキャシー・シンプソンはブログの中で、グルデン教授のアイデアはこの会社に大きく全般的な影響を及ぼすだろう、と書いている。　　　　　　　**Q85 Cathy Simpson の勤め先**

グルデン教授は10月1日から新しい仕事を始める予定だ。彼女の新しい報酬は公開されていないが、およそ75万ユーロで、これに実績給が加わるとうわさされている。

82. この記事の主な目的は何ですか。
    (A) 求人を発表すること
    (B) 新しい経営幹部を紹介すること
    (C) 業界のトレンドを分析すること
    (D) 企業経営者を比較すること

83. ジュリア・グルデンについて何が示されていますか。
    (A) 彼女の著作は出版されている。
    (B) 彼女のウェブサイトは更新されている。
    (C) 彼女の大学は拡張されている。
    (D) 彼女の報酬は公表されている。

84. ヒヤ・コーラ社の目標として書かれていないものは何ですか。
    (A) 高度な技術を使うこと
    (B) 最高のスタッフを採用すること
    (C) 財務をうまく管理すること
    (D) 新しい市場に参入すること

85. キャシー・シンプソンはどこに雇用されているでしょうか。
  (A) 雑誌
  (B) 企業規制機関
  (C) ＩＴ企業
  (D) 飲料会社

● 問題文
- professor 名 教授
- position 名 職務；ポスト
- degree 名 学位
- organization 名 組織；団体
- be committed to ～に取り組む
- sophisticated 形 洗練された；高度な
- effectively 副 効果的に
- consumer 名 消費者
- release 他 発表する
- valuable 形 価値のある
- observer 名 評論家；識者
- substantial 形 相当な
- impact 名 影響；インパクト
- duty 名 業務
- disclose 他 公表する
- in addition to ～に加えて

- accept 他 受ける
- advanced 形 上級の
- corporation 名 企業
- promote 他 売り込む；販売促進する
- develop 他 開発する
- financial resources 財務資源
- improve 他 向上させる
- statement 名 声明
- state 他 述べる
- response 名 反応
- positive 形 好意的な
- overall 形 全体的な
- take up ～に就任する
- compensation 名 報酬
- be rumored to ～とうわさされる
- performance incentives 業績給

● 設問・選択肢
- job opening 求人
- analyze 他 分析する
- publish 他 出版する
- expand 他 拡張する
- statistics 名 統計数字
- business regulator 企業規制機関

- executive 名 経営幹部
- compare 他 比較する
- upgrade 他 刷新する
- draft 名 下書き
- hire 他 採用する
- beverage 名 飲み物

第3章　ハーフ模擬試験〈正解・解説〉

Questions 86-90

86. 正解：(D)　ピンポイント情報　★★

情報検索Point!「旅程表（itinerary）に載っている情報」を探す。

解説　最後にある Final date to alter itinerary: April 17 の alter は「変更する」の意味で、「旅程変更の最終期限：4月17日」という意味である。**「変更の期限」**とする (D) が正解である。

87. 正解：(C)　関連情報　★★★

情報検索Point!「Klat Forest ツアーについて示されていること」を探す。

解説　May 11-12: Tour: Klat Forest Journey や Pickup at Woodside Suites: May 11, 7:30 A.M. / Drop-off at Ember House: May 12, 4:30 P.M. から**「2日間のツアー」**なので、**「期間が2日間である」**とする (C) が**正解になる**。他の選択肢はすべて本文の記述と異なる。

88. 正解：(D)　ピンポイント情報　★

情報検索Point!「Mr. Chutani が Ms. Weaver に感謝する理由」を探す。

解説　「手紙」の冒頭に感謝の言葉があり、続いて I know it was not easy during the peak travel season, and on such short notice. と「旅行のピークシーズンの時期に、突然の依頼に応えてくれた」ことを感謝している。**「仕事を早くしてくれたため」**とする (D) が**最適である**。変更はまだなされていないので (A) は誤り。

89. 正解：(B)　相互参照　★★★

情報検索Point!「Mr. Chutani が5月8日に泊まりたいところ」を考える。

解説　「手紙」の第2パラグラフにある To begin with, I would like for our entire stay to be at the hotel where we are scheduled to stay on the second night. に注目。「すべての滞在を2日目の夜のホテルにしたい」と言っている。旅程表を見ると、2日目の夜（5月9日→5月10日）に滞在するのは Bloom Resort になっている。つまり、**Mr. Chutani は5月8日も Bloom Resort に泊まりたいと考えているので、(B) が正解になる**。

90. 正解：(A)　ピンポイント情報　★★

情報検索Point!「Mr. Chutani がすでにしたこと」を探す。

解説　「手紙」の第2パラグラフで、I have read many online reviews that stated that that place was very nice. と書いている。「オンラインの感想を読んだ」のである。**online reviews を guest feedback と言い換えて「顧客のコメントを調べた」**とする (A) が**正解**。(B) や (C) はまだ実行されていないので不適。

訳

設問86〜90は次の旅行スケジュールとメールに関するものです。

スケジュール

アクバール・チュタニ氏とご家族のための旅行スケジュール
旅行人数：4人

アークライト・ツアーズ
www.arclighttours.net

担当：フランシン・ウィーバー、認定旅行業者
メール：francine@arclighttours.net
電話：214-555-0904

5月8日
ロンソンホテルにチェックイン：午後6時30分

5月9日
ツアー：渓谷のベスト
詳細：
眺望が楽しめる2階建てバスを利用したレッド渓谷のツアー。眺めと写真撮影を十分に楽しむために、バスの上のデッキが利用できます。アロウクリークのそばのサニアレーン・インで無料のお食事を用意します。

ロンソンホテルで乗車：午前7時30分
ブルームリゾートで降車：午後4時30分
　↑ **Q89** 相互参照

5月10日
ツアー：リバー・アドベンチャー
詳細：
カヌーでハカ川を下るガイド付きのレジャーツアー。牧歌的な川岸の風景と野生生物。正午の屋外での食事が含まれています。

　↓ **Q89** 相互参照
ブルームリゾートで乗車：午前7時
ウッドサイドスイーツで降車：午後3時30分

5月11〜12日
ツアー：クラット森林ツアー
詳細：
グループによる1日のレジャーハイキングで、田園の息をのむようなすばらしい風景が楽しめます。1泊のキャンプとキャンプファイア野外料理。テントと食事はすべて無料で提供されます。

ウッドサイドスイーツで乗車：5月11日、午前7時30分
　↑ **Q87** Klat Forest ツアーについて

第3章　ハーフ模擬試験〈正解・解説〉

<u>エンバーハウスで降車：5月12日、午後4時30分</u>

5月13日
乗馬
詳細：
バーンサイド牧場の専門ガイドが乗馬の基礎を指導。その後、グループを組んでヴァンセンヒルズを2時間かけてゆっくりとトロット（速足）で回ります。

エンバーハウスで乗車：午前8時
エンバーハウスで降車：午後12時30分

旅費の総額：
航空運賃：4,378.99 ドル
宿泊費：1,426.30 ドル
税金と諸経費：192.12 ドル
総支払額：5,997.41 ドル

<u>旅程変更の最終期限：4月17日</u>
　　↑ Q86 旅程表の情報

> メール

受信者：francine@arclighttours.net
発信者：akbar.chutani@wizonemail.com
件名：5月のツアー
日付：4月13日

フランシン
　　↓ Q88 感謝の理由
<u>私たち家族のために旅行スケジュールを作成いただきありがとうございます。旅行のピークシーズンの時期に、あのような突然の依頼で、このスケジュールを組むことが簡単でなかったことは承知しております。</u>私たちはそのすべてを楽しみにしています。しかしながら、いくつかを変更させていただければと思います。
　　↓ Q89 相互参照
<u>まず、私たちの宿泊すべてを、2日目の夜に泊まる予定のホテルにさせてください。そこがすばらしいというネットの評価をたくさん読みました。</u>
　　↑ Q90 Mr. Chutani がしたこと
さらに、滞在の最終日には車を借りたいと思います。空き時間がたくさんあるので、妻と子供たちとともに車でその地域を回ってみたいと思います。

この変更で追加料金が発生することは理解しております。その金額の請求書を、変更された旅行スケジュールとともにメールでお送りください。

ありがとう
アクバール

86. この旅行スケジュールには、どんな情報が含まれていますか。
   (A) 貯まった旅行マイレージの点数
   (B) 旅行代理店の会員番号
   (C) 空港の出発地点
   (D) 変更の締め切り

87. クラット森林ツアーについて、何が示されていますか。
   (A) 参加者はテントを持参するほうがいい。
   (B) キャンプファイアはこの地域では禁止されている。
   (C) 期間が２日間である。
   (D) 食事は割引価格で提供される。

88. なぜチュタニ氏はウィーバー氏に感謝しているのですか。
   (A) いくつかの変更をしたため
   (B) スケジュールを短くしたため
   (C) お知らせを送ったため
   (D) 仕事を早くしてくれたため

89. ５月８日にチュタニ氏はどこに泊まりたいですか。
   (A) ロンソンホテル
   (B) ブルームリゾート
   (C) ウッドサイドスイーツ
   (D) エンバーハウス

90. メールによれば、チュタニ氏はすでに何をしましたか。
   (A) 顧客のコメントを調べた。
   (B) 余った時間を埋めた。
   (C) 個人の車を借りた。
   (D) 追加料金をオンラインで支払った。

第3章　ハーフ模擬試験〈正解・解説〉

● スケジュール
- itinerary 名 旅行スケジュール；旅程表
- representative 名 担当者
- scenic 形 眺めのいい
- complimentary meal 無料の食事
- drop-off 名 車で送ること
- idyllic 形 牧歌的な；田園の
- scenery 名 風景
- breathtaking 形 息をのむような
- province 名 田園地帯
- cookout 名 屋外料理
- basics 名 基礎
- airfare 名 航空運賃
- fees 名 経費；料金
- individual 名 個人
- description 名 詳細
- two-deck bus 2階建てバス
- next to 〜の隣に
- leisurely 副 楽しく
- riverbank 名 川縁
- wildlife 名 野生生物
- view 名 眺め；風景
- overnight 形 1泊の
- complimentarily 副 無料で
- trot 名 速足；トロット
- accommodations 名 宿泊施設
- due 形 支払うべき

● メール
- short notice 突然の知らせ［依頼］
- entire 形 全体の
- in addition さらに
- additional 形 追加の
- to begin with まず；第一に
- online reviews ネット上の評価
- require 他 必要とする
- amount 名 金額

● 設問・選択肢
- frequent traveler points マイレージポイント
- earn 他 稼ぐ
- departure 名 出発
- participant 名 参加者
- meal 名 食事
- feedback 名 意見；反応
- rent 他 借りる
- membership 名 会員（資格）
- deadline 名 締め切り
- prohibit 他 禁止する
- shorten 他 短縮する
- fill up 〜を満たす

Questions 91-95

91. 正解：(D) ピンポイント情報 ★★

情報検索Point! 「今年の convention（会議）の変化」を探す。

解説 「記事」の Media exposure is anticipated to be even larger this year than last という記述に注目。**「メディアへの露出」が増えると予測されている。**これを「メディア取材の拡大」と表現した (D) が正解になる。

92. 正解：(D) NOT 問題 ★★

情報検索Point! 「メール」で「Xever Biotech, Inc., の展示」について書かれていないことを特定する。

解説 (A)「その価格」は The final price に、(B)「その場所」は it will be located near the main entrance に、(C)「そのデザイン」は The exhibit will be large and colorful enough にそれぞれ対応する。(D)「その改装」だけが記述がないので、これが正解である。

93. 正解：(C) ピンポイント情報 ★

情報検索Point! 「Xever Biotech, Inc., の exhibit team（展示チーム）に含まれている人」を探す。

解説 「メール」にチームの編成について、We have also assembled a team to staff the exhibit, composed of engineers, marketing specialists, and several senior executives. と書かれている。**marketing specialists** が (C) Corporate marketers に一致する。

94. 正解：(D) ピンポイント情報 ★

情報検索Point! 「カード紛失の際に連絡する電話番号」がどこに記載されているかを探す。

解説 「情報」に、Report lost or stolen immediately by using the phone number on the other side of this card. と書かれている。「電話番号」は「このカードの別の側＝裏側 (on the other side of this card)」にあることがわかる。**other を opposite に言い換えた (D) が正解。**

95. 正解：(A) 相互参照 ★★

情報検索Point! Rie Takahashi が「カードを使える初日」を探す。

解説 「メール」の第 2 パラグラフに Team members will be able to use the card from one day prior to the event とあり、**カードは「イベントの 1 日前」から使えることがわかる。**「記事」の冒頭の This city is looking forward to the 34th Annual Global Biotech Convention, from February 21 to 28. か

第3章 ハーフ模擬試験〈正解・解説〉

ら、展示会が始まるのは「2月21日」。カードが使えるのは「1日前」なので、「2月20日」からということ。したがって、(A) が正解になる。

■訳

設問91～95は次の記事、メール、情報に関するものです。

記事

今後の行事

　　　　　　　　　　　　　　　↓ Q95 相互参照
（メキシコシティ――1月3日）当市は、2月21日から28日まで行われる第34回年次世界生命工学会議の開催地となります。このイベントは、エレクトロニクス産業を代表する最大の団体である先端生命工学協会が主催するものです。ミチェリ・ホテルで開催されるこのイベントは、最新の製品やサービスを紹介する企業の会場となるものです。メディア関係者も昨年よりはるかに多く来場する予定で、136カ国から記者やえり抜きのブロガーなどの専門家が94の言語でこのイベントを発信します。
　　　　　　　　　Q91 今年の会議の変化

メール

受信者：アルチュール・エンドリス
発信者：ネイディン・ベイカー
件名：生命工学会議
日付：1月5日

エンドリス様

　　　　　　　　　　　Q92 (A) ある　　　　Q92 (C) ある↓
私たちは、今年の世界生命工学会議に出展する交渉を完了させました。展示は、潜在顧客、メディア、一般来場者を引きつけるのに十分な規模と彩りを備えたものになるでしょう。展示について合意した最終価格は、予定していたものよりわずかに高いですが、イベントに来場する全員の目にとまるエントランス近くに私たちの展示が設置されることを考えれば、適正な価格でしょう。また、私たちは、展示を運営するチームを編成しました。チームは、エンジニア、マーケティングの専門家、数人の上級幹部から構成されています。　Q93 チームのメンバー↑
　　　　　　　　　　　　　　　　　　　　　Q92 (B) ある

チームの全員が、会場への入場とその他の便益を提供する先端生命工学カードを支給されます。チームのメンバーは、このカードを、イベントの開催1日前（展示設営のため）から1日後（展示撤去のため）まで使うことができます。
↑ Q95 相互参照
私たちは、このイベントを大成功に導くチームを編成したと思っています。

心を込めて
ネイディン・ベイカー
グローバル業務副部長
ゼヴァー・バイオテク社

283

| 情報 |

世界生命工学協会

34回年次会議

出席者氏名：リエ・タカハシ
社名：ゼヴァー・バイオテク社
カード番号：904Y2937

開催中に会議に入るときは常にこのカードを携行してください。ミチェリ・ホテルとの無料のシャトルサービルや、個室の会議室とビジネスコミュニケーションセンターなどの施設の利用にも使えます。
紛失や盗難の際にはただちに、このカード裏面の電話番号に報告してください。
↑ **Q94** 電話番号

第3章 ハーフ模擬試験〈正解・解説〉

91. 記事によると、今年の会議はどんな変化が予測されますか。
  (A) 新しいスポンサー
  (B) 会場の拡張
  (C) 参加企業の増加
  (D) メディア取材の拡大

92. メールで、ゼヴァー・バイオテク社の展示について、どれが言及されていませんか。
  (A) その価格
  (B) その場所
  (C) そのデザイン
  (D) その改装

93. ゼヴァー・バイオテク社の展示チームにはだれが入っていますか。
  (A) えり抜きのブロガー
  (B) 海外の記者
  (C) 企業のマーケティング専門家
  (D) 金融の専門家

94. カード携行者は、紛失を報告する電話番号をどこで見つけられますか。
  (A) 会議室で
  (B) ビジネスセンターで
  (C) ファイルの裏面に
  (D) カードの裏側に

95. リエ・タカハシが彼女のカードを使える最初の日はいつですか。
  (A) 2月20日
  (B) 2月21日
  (C) 2月27日
  (D) 2月28日

● 記事
- upcoming 形 近く開催される
- represent 他 代表する
- showcase 他 紹介する
- exposure 名 (メディアなどの) 取材；露出
- anticipate 他 予期する
- sponsor 他 主催する
- venue 名 開催場所；会場
- cover 他 取材する

● メール
- exhibit 名 展示
- slightly 副 わずかに
- composed of ～で構成された
- takedown 名 撤去
- potential 形 潜在的な
- assemble 他 組織する；集める
- benefits 名 便益；利得

● 情報
- keep ～ on hand ～を携行する
- shuttle service 送迎サービス
- immediately 副 即座に
- complimentary 形 無料の
- amenities 名 アメニティ；便利な設備

● 設問・選択肢
- expand 他 拡大する
- renovation 名 改装

第3章　ハーフ模擬試験〈正解・解説〉

Questions 96-100

96. 正解：(B)　関連情報＋相互参照　★★★

情報検索Point!　「情報」の中で「Selasco Telecom, Inc. に当てはまること」を探す。

解説　最後にある *Complimentary for Selasco Telecom, Inc., members like you から、**この会社には members（会員）が存在することがわかる。(B)「会員プログラムを実施している」**が正解。(A)「店舗を通じてのみ販売している」については、「レター」に This coupon can be used at any of our stores or at our Web site. とあり、ウェブでも販売していることがわかるので、誤り。他の選択肢はどこにも記述がない。

97. 正解：(D)　ピンポイント情報　★★

情報検索Point!　「Ms. Hanley が Selasco Telecom, Inc. の長期間の顧客である理由」を探す。

解説　メールの第1パラグラフに、I am accustomed to the high efficiency of your firm. For that reason, I have been a customer of Selasco Telecom, Inc., for many years. とあり、**長期間の顧客であるのは「会社のもつ高い効率性」が理由である**。選択肢で近いのは (D) Owing to its quality products and service（その良質の製品とサービスによって）である。

98. 正解：(C)　単語問題　★★

情報検索Point!　文中での「conclusion」の意味を考える。

解説　I really hope that you can bring this to a satisfactory conclusion right away. に使われている。**「メール」は欠品への不満を訴えてきたので、望んでいるのは a satisfactory conclusion（満足のいく結果）である**。一番近いのは (C) resolution（解決）。

99. 正解：(C)　相互参照　★★★

情報検索Point!　「レターに同封されていたもの」を探す。

解説　「レター」には、Please find your missing item enclosed. と Therefore, ~ we have also enclosed a coupon for $25 off your next purchase from us. という記述があり、「欠けていた品目」と「クーポン」が同封されている。ところが、**「クーポン」は選択肢にはないので、「欠けていた品目」が何かを探る**。「メール」の However, I found that the red box that came with the order was empty. から、**「赤い箱」に入っていたものが欠けていた品目である**。「赤い箱」の中身は「情報」を見ると、charger（充電器）だと判明する。(C) が正解。

模試正解

287

100. 正解：(A)　ピンポイント情報　★★

情報検索Point!「クーポンが送られた理由」を探す。

解説「レター」の Therefore, as a token of such appreciation, we have also enclosed a coupon for $25 off your next purchase from us. より、顧客への「感謝のしるし」としてクーポンが送られたことがわかる。**感謝というのは文脈から「欠品という不便への寛容」に対する感謝である。As a small compensation（ちょっとした償い）と言い換えた (A) が正解になる。**

訳

設問96～100は次の情報、メール、レターに関するものです。

情報

セラスコ・テレコム社
セラスコX1 携帯電話

購入注文：257JQRP
購入日時：3月6日

顧客名：キャロル・ハンリー
住所：
ガードナーウェイ17番地
オマハ市、ネブラスカ州
メール：carol.hanley@popperzipmail.com

ご購入をありがとうございます。この携帯電話とアクセサリーは、便宜のために別々に梱包されています。

・青い箱：携帯電話とケース
・緑の箱：操作マニュアル
・黄色い箱：SIM カード
・赤い箱：充電器　← **Q99 相互参照**
・銀色の箱：ヘッドホン*

上記の機器のすべてが損傷なく配送されていることをお確かめください。ご質問や問題については、info@selascotelecom.net にメールをお願いいたします。
↓ **Q96 会員がいる**
* お客様のようなセラスコ・テレコム社の加入者は無料です。

第3章　ハーフ模擬試験〈正解・解説〉

> **メール**

受信者：info@selascotelecom.net
発信者：carol.hanley@popperzipmail.com
日付：3月8日
件名：購入注文 257JQRP

　　　　　　　　　　　　　　　↓ **Q99 相互参照**
この注文品は今日届きました。しかし、注文品にある赤い箱は空でした。実際に、電話を使い始めようとしても、赤い箱の中身が手に入るまでは使えません。このことにとても驚き、また失望しています。というのも、私は御社の優れた効率性に慣れているからです。こうした理由から、私は長い間、セラスコ・テレコム社の顧客なのです。　　　↑ **Q97 顧客である理由**

私はこの問題を解決するために、御社の店舗のひとつに出かけましたが、店員は、私がネットで買ったので、会社に直接連絡をとるようにと言いました。この件をすぐに満足のいく結果に導いてくれるように強く望みます。
　　　　　　　↑ **Q98 単語問題**

ありがとう。
キャロル・ハンリー

> **レター**

セラスコ・テレコム
3月12日

キャロル・ハンリー
ガードナーウェイ17番地
オマハ市、ネブラスカ州

件名：購入注文 257JQRP

親愛なるハンリー様
　　　　　　　　　　　　　　　　　　　　Q99 相互参照
お客様の最近のご購入につきまして、当方のミスを深くお詫びいたします。欠けている品目を同封いたしました。何か問題がございましたら、お知らせください。お客様の寛容と、また継続的なご愛顧に感謝いたします。そこで、感謝のしるしといたしまして、次のご購入に利用できる25ドルのクーポンを同封させていただきます。このクーポンは、私どものどの店舗でも、またウェブサイトでもご利用いただけます。　　↑ **Q96 店舗以外でも販売**
　　　　　　　　　　　　　　　　　　Q100 クーポンが送られた理由

改めまして、ご不便にお詫びいたしますとともに、セラスコ・テレコム社をお選びいただきましたことに感謝いたします。

敬具
ジェラルド・ディーン
顧客サービス部長
セラスコ・テレコム社

96. 情報によると、セラスコ・テレコム社についてどれが事実ですか。
    (A) 店舗を通じてのみ販売している。
    (B) 会員プログラムを実施している。
    (C) アクセサリーの保証書を提供している。
    (D) 特急配送を保証している。

97. ハンリーさんはなぜセラスコ・テレコム社の長期間の顧客なのですか。
    (A) スタッフの親切さによって
    (B) 店舗が多いから
    (C) 企業規模に基づいて
    (D) その良質の製品とサービスによって

98. メールで、第２パラグラフ４行目の「conclusion」に最も意味が近いのは
    (A) 考え
    (B) 承認
    (C) 解決
    (D) 設置

99. レターと一緒に同封されていたものは何ですか。
    (A) ケース
    (B) 操作マニュアル
    (C) 充電器
    (D) ヘッドホン

100. なぜクーポンが送られたのですか。
    (A) ちょっとした補償として
    (B) 欠けている品目の代わりとして
    (C) オンラインマーケティング・キャンペーンの一環として
    (D) 他の顧客に推薦してくれた謝礼として

第3章　ハーフ模擬試験〈正解・解説〉

● 情報
- [ ] purchase order　購入注文
- [ ] instruction manual　操作マニュアル
- [ ] ensure　他 確かめる

● メール
- [ ] come with　〜に付いてくる
- [ ] efficiency　名 効率性
- [ ] issue　名 品目

● レター
- [ ] terribly　副 本当に；ひどく
- [ ] appreciate　他 ありがたく思う
- [ ] as a token of　〜のしるしとして

● 設問・選択肢
- [ ] operate　他 運営する
- [ ] resolution　名 解決
- [ ] compensation　名 補償
- [ ] reward　名 補償；償い

- [ ] separately　副 別々に
- [ ] take a moment　少し時間をとる
- [ ] device　名 機器

- [ ] be accustomed to　〜に慣れている
- [ ] deal with　〜に対処する
- [ ] conclusion　名 結末；決着

- [ ] regarding　前 〜について
- [ ] patience　名 寛容；忍耐
- [ ] inconvenience　名 不便

- [ ] guarantee　他 保証する
- [ ] installment　名 設置
- [ ] replacement　名 代わるもの；交換（品）

スコアレンジ換算表

「ハーフ模擬試験」の素点から、スコアレンジを推測することができます。本テストは半分のボリュームですので、スコアは参考の数値とお考えください。

① リスニング・セクション、リーディング・セクションそれぞれの素点レンジに対応するのがスコアレンジになります。
② リスニング・セクションとリーディング・セクションのスコアレンジを合計すると、全体のスコアレンジが推測できます。

リスニング・セクション		リーディング・セクション	
素点レンジ	換算レンジ	素点レンジ	換算レンジ
46 − 50	450 − 495	46 − 50	420 − 495
41 − 45	360 − 470	41 − 45	330 − 440
36 − 40	300 − 380	36 − 40	270 − 350
31 − 35	240 − 320	31 − 35	210 − 290
26 − 30	190 − 260	26 − 30	160 − 230
21 − 25	150 − 210	21 − 25	120 − 180
16 − 20	100 − 170	16 − 20	70 − 140
11 − 15	70 − 120	11 − 15	30 − 110
6 − 10	20 − 90	6 − 10	10 − 60
1 − 5	5 − 60	1 − 5	5 − 30
0	5 − 30	0	5 − 50

ハーフ模擬試験	素点	換算スコアレンジ
リスニング・セクション		
リーディング・セクション		
トータル・スコアレンジ		

TOEIC® TEST 全パートまるごとスピードマスター
ハーフ模擬試験 [解答用紙]

フリガナ
NAME 氏名

●著者紹介

成重　寿　Hisashi Narishige

三重県出身。一橋大学社会学部卒。英語教育出版社、海外勤務の経験を生かして、TOEIC を中心に幅広く執筆・編集活動を行っている。主要著書：『TOEIC® TEST 英単語スピードマスター NEW EDITION』『TOEIC® TEST 必ず☆でる単スピードマスター』『TOEIC® TEST 英文法スピードマスター』『WORLD NEWS 英単語スピードマスター』『ゼロからスタート英単語 BASIC1400』（以上、Jリサーチ出版）など。TOEIC TEST 990点満点。

松本恵美子　Emiko Matsumoto

上智大学大学院博士前期課程修了（TESOL／英語教授法）。青山学院大学、成蹊大学講師。全国の大学生向けテキストの執筆。ビジネスマン向けの資格対策を行う。明星大学、駿台国際教育センター、日米英語学院においても講師を務める。主な著書：『TOEIC® TEST リスニングスピードマスター Ver.2』『まるわかり TOEFL iBT® テスト完全模試』（以上、Jリサーチ出版）、『新 TOEIC® TEST 1分間マスター』（日本経済新聞出版社）など多数。

英文作成協力	Craig Brantley（CPI）
カバーデザイン	滝デザイン事務所
本文デザイン／DTP	江口うり子（アレピエ）
イラスト	みうらもも

本書へのご意見・ご感想は下記URLまでお寄せください。
http://www.jresearch.co.jp/contact/

TOEIC® TEST 全パートまるごと スピードマスター

平成28年（2016年）3月10日　初版第1刷発行
令和元年（2019年）6月10日　　第5刷発行

著　者	成重　寿／松本恵美子
発行人	福田富与
発行所	有限会社　Jリサーチ出版
	〒166-0002　東京都杉並区高円寺北2-29-14-705
	電話 03（6808）8801（代）　FAX 03（5364）5310
	編集部 03（6808）8806
	http://www.jresearch.co.jp
印刷所	㈱シナノ パブリッシング プレス

ISBN978-4-86392-266-2　禁無断転載。なお、乱丁・落丁本はおとりかえいたします。
©2016, Hisashi Narishige & Emiko Matsumoto, All rights reserved.

音声ダウンロードのしかた

本書の音声は、付属のCDのほかに、インターネット経由でダウンロードいただくことも可能です。

STEP1 音声ダウンロード用サイトにアクセス！

↓ ※ https://audiobook.jp/exchange/jresearch を入力するか、Jリサーチ出版のホームページからリンクにアクセス！

STEP2 表示されたページから、audiobook.jpへの登録ページに進む！

↓ ※音声のダウンロードには、オーディオブック配信サービスaudiobook.jpへの会員登録（無料）が必要です。

STEP3 登録後、音声ダウンロード用サイト(https://audiobook.jp/exchange/jresearch)に再アクセスし、シリアルコード「22662」を入力！

↓ ※入力したら、「送信」をクリック！

STEP4 必要な音声ファイルをダウンロード！

※スマートフォンの場合は、アプリ「audiobook.jp」の案内が出ますので、アプリからご利用ください。
※PCの場合は、「ライブラリ」から音声ファイルをダウンロードしてご利用ください。

〈ご注意！〉
- ダウンロードには、オーディオブック配信サービスaudiobook.jpへの会員登録（無料）が必要です。
- PCからでも、iPhoneやAndroidのスマートフォンからでも音声を再生いただけます。
- 音声は何度でもダウンロード・再生いただくことができます。
- ダウンロードについてのお問い合わせ：info@febe.jp
 　　　　　　　　　　　　　（受付時間：平日の10時〜20時）

TOEIC® TEST 全パートまるごとスピードマスター
別冊

直前対策
チェックブック

① 直前対策5つのポイント

② 直前チェック！ 30の解法

③ 直前チェック！ 600点突破 Words & Phrases

TOEIC® TEST全パートまるごとスピードマスター
直前対策チェックブック

CONTENTS

① 直前対策　5つのポイント ……………………2

② 直前チェック！　30の解法 ……………………3
　[Part 1] 解法1～解法4 ………………………4
　[Part 2] 解法5～解法10 ………………………5
　[Part 3・4] 解法11～解法15 …………………6
　[Part 5] 解法16～解法20 ………………………7
　[Part 6] 解法21～解法23 ………………………8
　[Part 7] 解法24～解法30 ………………………8

③ 直前チェック！
　600点突破 Words & Phrases ……9
　動詞〈BEST 25〉 ………………………………9
　形容詞・副詞〈BEST 20〉 ……………………11
　名詞〈BEST 20〉 ………………………………12
　動詞句〈BEST 15〉 ……………………………13
　イディオム〈BEST 15〉 ………………………14
　会話表現〈BEST 20〉 …………………………15
　コロケーション〈BEST 20〉 …………………16

1 直前対策 5つのポイント

① テストを身体で覚えておこう

　直前1週間には、本番と同じ時間設定で、『公式問題集』などの模擬試験を必ず通してやっておきましょう。過去に一度解いた模擬試験でかまいません。全体の流れを押さえるとともに、各パートの解き方も体感しておくことが大切です。

② 直前の勉強は焦点を絞って

　直前1週間を切ると、新しいことを勉強して身につけるのは困難です。今まで学習した本やその内容を復習することに集中しましょう。Part 5の問題、単語の復習などが直前の勉強に適しています。

③ 音声の感覚を維持しよう

　リスニング音声はできれば毎日15分でもいいので聞くようにしましょう。数日でも英語の音から遠ざかると、聞き取りの感覚が鈍くなってしまいます。本番の試験のナレーターが出ている『公式問題集』の音声を聞くのがベストです。

④ テストは前日から始まる

　テストで成功するには前日の過ごし方がとても大切です。夜更かしや深酒は禁物。健康的に過ごして、体力・気力が充実した状態で試験当日を迎えることが大切です。

⑤ しっかり集中、あきらめないこと

　試験会場ではリラックスして、自然体でテストに入ることが大切です。リスニングから始まるので、意識をしっかり集中させましょう。また、試験では予想外の事態も発生して思うように進まなかったりしますが、集中力を切らせたり、投げやりになったらその時点でアウト。最後まであきらめずに問題に食らいついていきましょう。

2 直前チェック！ 30の解法

本体で紹介した7つのパートの解法をまとめました。試験前に目を通して確認しておきましょう。

Part 1

解法1 「1人の人物にフォーカスが当たる写真」は主語の動作に注目する！

✔ 動詞は現在進行形か現在形が使われる。

解法2 「複数の人物の写真」はまず人物を表す主語が正しいか確認！

✔ 動詞とその後の語句にも注意して聞こう。

解法3 「風景の写真」は主語が何かを予測して聞く。動詞は受動態に注意！

✔ 受動態の現在進行形がよく使われるので、慣れておこう。

解法4 「風景の写真」は位置関係の表現をチェック！

✔ 位置関係を示す言葉をしっかり聞こう。

Part 2

解法 5　疑問詞で始まる疑問文は文頭の「疑問詞」を覚える！

- ✔ Who なら「だれ？　だれ？　だれ？」と、頭の中でくり返そう。
- ✔ Yes/No で始まる選択肢は間違い。

解法 6　一般疑問文は、会話の自然な流れを重視。Yes/No の応答は間違いが多い。

- ✔ 「質問で返す」という応答もあるので注意。
- ✔ Yes/No で始まる選択肢は内容をしっかりチェック。

解法 7　提案・依頼の文、許可を求める文はさまざまな応じ方ができる。

- ✔ Sure.、No problem.、That sounds a good idea. は「応じる」応答の典型。「拒絶する」「質問で返す」応答にも正解がある。

解法 8　否定疑問文は「〜でないの？」、付加疑問文は「〜ですよね？」と瞬時にイメージ！

- ✔ 肯定なら Yes、否定なら No で答えるのが原則。

解法 9　選択疑問文は「どちらか1つを選ぶ」「どちらでもいい」「どちらもダメ」が正解！

- ✔ どちらかを選んでいる場合は、表現を変えていることが多いので注意。

解法 10　「平叙文」は会話の流れに注目！「質問で返す」「追加情報」も正解になる。

- ✔ 内容をしっかり聞いて、会話の流れに合う応答を選ぶ。

Part 3

解法 11
設問・選択肢を先に読んで、聞き取る内容を決めよう。

✓ 1問目は「会話全体」、2問目は「詳細」、3問目は「次の行動」「最新情報」を問うことが多い。

解法 12
登場人物の数を知るために、必ず設問に目を通そう。

✓ 設問を見れば、「女性何人と、男性何人の会話」ということがわかる。

Part 3 & Part 4 共通

解法 13
「表現の意図」は、前後の文脈から類推しよう。

✓ 表現だけを聞いてもその意味はわからない。文脈を聞き取る必要がある。

解法 14
まず図表を見てテーマをつかむ。次に音声の「追加情報」を聞き取ろう。

✓ 図表はシンプルなものが多い。図表のテーマやポイントをつかんで、音声を聞こう。

Part 4

解法 15
設問・選択肢は先に読む。テーマが何かを考えて聞こう。

✓ 説明文の内容は、最初に読まれる指示文 Questions 71 through 73 refer to the following ～ の～で示される。

✓ 1問目は「全体」、2問目は「詳細」、3問目は「次の行動」「最新情報」を問うことが多い。Part 3と同様。

Part 5

解法 16 「動詞の形問題」は空所の役割・態を考える。

- ✓ 主語・述語の一致では「三人称単数のs」に注意。
- ✓ 「分詞・動名詞・不定詞」の用法もチェック項目になる。

解法 17 「品詞識別問題」は空所の役割と、空所が何を修飾するかを考える。

- ✓ まず各選択肢の品詞が何かを確認しよう。その後で、空所の修飾関係を考える。

解法 18 「代名詞問題」は空所の代名詞が指す名詞を見つける。

- ✓ 代名詞の一覧をチェックしておこう。
- ✓ 関係代名詞・関係副詞も混在することがあるので、それぞれの種類や役割を確認しておこう。

解法 19 「単語問題」は修飾関係と文脈理解がカギになる。

- ✓ 修飾関係を利用して瞬時に解ける問題もある。
- ✓ 選択肢に知らない単語が並んでいれば、あきらめて適当にマークしよう。

解法 20 「接続詞・前置詞」の問題は空所に続く要素をチェックする。

- ✓ 接続詞は文または分詞が続き、前置詞は名詞（句）が続く。
- ✓ 接続副詞は後ろに文も句も続けられない。前の文との関係（ロジック）を示すのに使う。

Part 6

解法 21 文脈を考えて、最初からぜんぶ読む。

- ✔ Part 6 のほとんどの問題は空所の文だけでは解けない。前後の文や全体との関連を考えよう。

解法 22 空所の前後に注目する。時制、代名詞、文脈理解が解答のカギになる。

- ✔ まず空所の文の前文を見る。それで解決できなければ、離れたところにヒントがある。
- ✔ 一部に、空所の文だけで解けるものもある。

解法 23 「文選択の問題」は文脈を押さえて、キーワードに注目する。

- ✔ 空所までの文脈をつかむ。選択肢の中に、問題文で使われた言葉（キーワード）がないか探す。
- ✔ 時制や代名詞の指示関係、接続語のロジックなどに注目すれば解決することもある。

Part 7

（シングル・マルチプルパッセージ共通）

解法 24 「文章の目的を問う問題」はまず冒頭に注目する。

- ✔ 冒頭でわからなければ、文章の流れを確認する。やさしい問題なので確実に得点しよう。

解法 25　「関連情報を指摘する問題」は文章全体から拾い読み。

- ✔ 設問に is suggested [indicated, mentioned, stated] が使われている。
- ✔ 散らばった情報を確認する必要があることも。

解法 26　「文挿入の問題」はキーワードや文脈の流れ、指示関係に注目する。

- ✔ 挿入する文のキーワードに注目して、問題文を見ていこう。
- ✔ ロジックを示す接続詞や接続副詞がヒントになる。
- ✔ 挿入する文に代名詞があれば、指示関係がヒントになることも。
- ✔ 時制がヒントになることもある。

解法 27　「ピンポイント情報問題」はカギになる情報を見つければ解ける。

- ✔ 時間をかけずに解けるので確実に得点しよう。

解法 28　「単語問題」は文脈での意味を考える。

- ✔ 時間をかけずに解ける。ただし、単語のレベルが高いこともある。

解法 29　「NOT 問題」は消去法で問題文と一致する選択肢を消していく。

- ✔ それぞれの選択肢単位の処理が必要なので、時間がかかるので注意。

（マルチプルパッセージ）

解法 30　「相互参照問題」は複数の文章の情報を組み合わせる。「おおまかな情報」＋「具体的な情報」で正解が出る。

- ✔ 数字、日付、列挙された情報などがターゲットになることが多い。

3 直前チェック！600点突破 Words & Phrases

TOEIC頻出の単語・フレーズを直前にチェックしておきましょう。600点突破をめざす人にとって決め手になるものをまとめました。

600点突破！動詞〈BEST 25〉

❶ ☐ **remind** 他 思い出させる
remind A of B（AにBを思い出させる）

❷ ☐ **ensure** 他 確実にする；保証する
ensure that ～（～を確実なものにする）

❸ ☐ **address** 他（課題などに）取り組む；話しかける
address a problem（問題に取り組む）

❹ ☐ **afford** 他（お金・時間に）余裕がある
afford to buy a car（車を買う余裕がある）

❺ ☐ **expire** 自（期限が）切れる；失効する
This coupon will expire on June 30.
（このクーポンは6月30日に切れる）

❻ ☐ **expand** 他 自 拡大する
expand production facilities（生産設備を拡張する）

❼ ☐ **require** 他 要求する；必要とする
be required to do（doすることが求められる）

❽ ☐ **submit** 他 提出する
submit a report（レポートを提出する）

❾ ☐ **appreciate** 他 評価する；感謝する
appreciate your support（あなたの支援に感謝する）

❿ ☐ **evaluate** 他 評価する；査定する
evaluate one's performance（人の実績を評価する）

⓫ ☐ **guarantee** 他 保証する
guarantee high quality（高品質を保証する）

⓬ ☐ **assign** 他 割り当てる；任命する
assign a duty（業務を割り当てる）

⑬ ☐ **celebrate** 他 祝う；(式典などを) 挙行する
celebrate one's wedding anniversary（結婚記念日を祝う）

⑭ ☐ **demonstrate** 他 (製品を) 実演して説明する
demonstrate a new product（新製品を実演する）

⑮ ☐ **designate** 他 指定する
a designated seat（指定席）

⑯ ☐ **implement** 他 実施する；履行する
implement a plan（計画を実行する）

⑰ ☐ **indicate** 他 指摘する；示す
indicate a place on the map（地図上で場所を示す）

⑱ ☐ **observe** 他 気づく；守る；観察する；祝う
observe a mistake（ミスに気づく）
observe a regulation（規則を守る）

⑲ ☐ **obtain** 他 手に入れる；獲得する
obtain a permit（許可証を入手する）

⑳ ☐ **confirm** 他 確認する
confirm a reservation（予約を確認する）

㉑ ☐ **subscribe** 自 定期購読する；加入する
subscribe to a magazine（雑誌を定期購読する）

㉒ ☐ **encourage** 他 奨励する；励ます
be encouraged to do（do することが奨励される）

㉓ ☐ **approve** 自他 承認する；賛成する
approve of a plan（計画を承認する）

㉔ ☐ **inspect** 他 調べる；検査する
inspect a factory（工場を視察する）

㉕ ☐ **reimburse** 他 払い戻す；出金する
reimburse travel costs（旅費を払い戻す［出金する］）

600点突破！形容詞・副詞〈BEST 20〉

❶ ☐ **upcoming** 形 近く行われる
　　an upcoming event（近く行われるイベント）

❷ ☐ **consecutive** 形 連続した
　　for four consecutive years（４年連続で）

❸ ☐ **complimentary** 形 無料で提供される
　　complimentary beverages（無料の飲み物）

❹ ☐ **substantial** 形 相当な；重大な
　　substantial increase（相当な増加）

❺ ☐ **approximately** 副 おおよそ；約
　　approximately 300 attendees（およそ300人の出席者）

❻ ☐ **prior** 形 前の；事前の
　　prior notice（事前の通知）

❼ ☐ **acclaimed** 形 高名な；称賛を受けている
　　an acclaimed author（高名な作家）

＊　＊　＊

❽ ☐ **comprehensive** 形 包括的な；広範な

❾ ☐ **alternative** 形 別の；型にはまらない

❿ ☐ **competent** 形 有能な；適任の

⓫ ☐ **unanimous** 形 （会議などで）全会一致の

⓬ ☐ **intensive** 形 集中的な；徹底した

⓭ ☐ **liable** 形 責任のある

⓮ ☐ **mutual** 形 相互の；共通の

⓯ ☐ **remarkable** 形 顕著な；際だった

⓰ ☐ **specific** 形 特定の；具体的な

⓱ ☐ **mandatory** 形 強制的な；必須の

⓲ ☐ **considerably** 副 かなり；相当

⓳ ☐ **eventually** 副 最後には；結局は

⓴ ☐ **simultaneously** 副 同時に

600点突破！名詞〈BEST 20〉

1. ☐ **resource** 資源；資産
   human resources（人材）
2. ☐ **draft** 下書き；草稿
   the first draft（最初の草稿）
3. ☐ **colleague** 同僚
   office colleagues（オフィスの同僚）
4. ☐ **conflict** （予定の）重複；対立
   a schedule conflict（予定の重複）
5. ☐ **gratitude** 感謝
   express gratitude（感謝を表明する）
6. ☐ **venue** （開催）場所；会場
   an ideal venue for live concerts（ライブコンサートに最適の場所）
7. ☐ **qualification** 資格；適性
   qualifications for the post（その仕事に必要な資格）

* * *

8. ☐ **collaboration** 共同作業
9. ☐ **reputation** 評判；名声
10. ☐ **transaction** 取引；処理
11. ☐ **hospitality** もてなし；接客
12. ☐ **instruction** 指示；(複数で) 取扱説明書
13. ☐ **amount** 量；金額
14. ☐ **prospect** 将来見通し；将来性のある人［もの］
15. ☐ **aspect** 側面；観点
16. ☐ **honor** 光栄；尊敬
17. ☐ **measure** 手段；対策；基準
18. ☐ **occasion** 行事；祭典；機会
19. ☐ **admission** 入場料
20. ☐ **applause** 拍手喝采

600点突破！動詞句〈BEST 15〉

❶ ☐ **fill out [in]** 〜に記入する
　fill out a form（フォームに記入する）

❷ ☐ **apply for** 〜に申し込む
　apply for a job（仕事に応募する）

❸ ☐ **sign up for** 〜に登録する；〜に申し込む
　sign up for a course（コースに登録する）

❹ ☐ **take over** (仕事など)を引き継ぐ；(会社)を買収する
　take over a post（ポストを引き継ぐ）

❺ ☐ **comply with** 〜に従う
　comply with rules（規則に従う）

❻ ☐ **deal with** 〜に対処する；〜を取り扱う
　deal with customer complaints（顧客のクレームを扱う）

❼ ☐ **go over** 〜を調べる；〜を検討する
　go over a document（書類を調べる）

❽ ☐ **come up with** 〜を考え出す
　come up with an idea（アイデアを考え出す）

❾ ☐ **lay off** 〜を解雇する
　lay off staff（スタッフを解雇する）

❿ ☐ **approve of** 〜を承認する
　approve of a plan（計画を承認する）

⓫ ☐ **call for** 〜を求める
　call for cooperation（協力を求める）

⓬ ☐ **carry out** 〜を実行する
　carry out budget cuts（予算削減を実行する）

⓭ ☐ **take advantage of** 〜を利用する
　take advantage of an opportunity（機会を利用する）

⓮ ☐ **turn around** 〜を再生する；〜を方向転換する
　turn around a failing company（経営不振企業を再生する）

⓯ ☐ **try on** 〜を試着する
　try on a jacket（ジャケットを試着する）

600点突破！イディオム〈BEST 15〉

❶ ☐ **according to** 〜（参照元）によれば
according to today's paper（今日の新聞によると）

❷ ☐ **due to / because of** 〜（原因・理由）のために
due to bad weather（悪天候のため）

❸ ☐ **every other** 1つおきの
every other week 隔週で

❹ ☐ **in a row** 連続して；列になって
five times in a row（5回連続して）

❺ ☐ **in charge of** 〜を担当して
in charge of accounting（経理を担当して）

❻ ☐ **in terms of** 〜の観点から
In terms of services, the hotel is very nice.
（サービスの点でそのホテルはとてもいい）

❼ ☐ **instead of** 〜の代わりに
I'll take the red, instead of the blue.
（青いのではなく赤いのをいただきます）

❽ ☐ **under way** 進行中で
The construction is under way.（建設工事が進行中だ）

❾ ☐ **in person** 直接に
meet the client in person（顧客に直接会う）

❿ ☐ **as of** 〜の時点で
as of April 1（4月1日付けで）

⓫ ☐ **except for** 〜を除いて
Except for Friday, any day is OK.
（金曜を除いてどの日でも大丈夫です）

⓬ ☐ **next to** 〜の隣に
next to each other 隣り合って

⓭ ☐ **on behalf of** 〜を代表して
on behalf of our company（弊社を代表して）

⓮ ☐ **side by side** 並んで
walk side by side（並んで歩く）

⓯ ☐ **in advance** 前もって
pay in advance（前払いをする）

600点突破！会話表現〈BEST 20〉

Part 2 やアップデート版の Part 3 に出そうな会話表現を紹介します。

❶ ☐ **Be my guest.** ご遠慮なく。／どうぞ、どうぞ。

❷ ☐ **Either will do.** どちらでも大丈夫です。

❸ ☐ **Everything's under control.** すべて順調です。

❹ ☐ **Here you are.** はい、どうぞ。

❺ ☐ **How's it going?** 調子はどうですか。

❻ ☐ **I wish I could.** できればよかったのですが［できません］。

❼ ☐ **I'd love to.** 喜んで［します］。

❽ ☐ **I'd rather not.** 遠慮させていただきます。

❾ ☐ **I'm afraid so.** 残念ながらそう思います。

❿ ☐ **I'm impressed.** 感銘を受けました。

⓫ ☐ **It depends.** 場合によります。

⓬ ☐ **It's a deal.** 決まりだ。／取引成立。

⓭ ☐ **It's up to you.** あなた次第ですよ。

⓮ ☐ **Just in case.** 念のため。

⓯ ☐ **Leave it to me.** 私に任せてください。

⓰ ☐ **So far, so good.** 今のところ順調です。

⓱ ☐ **Take it easy.** 無理をしないで。／気楽に行こう。

⓲ ☐ **What's going on?**
　　一体どうしたの？／［あいさつで］元気かい？

⓳ ☐ **You name it.** あなたが決めてください。

⓴ ☐ **You deserve it.** 当然ですよ。／あなたはそれに値する。

600点突破！コロケーション〈BEST 20〉

動詞と名詞（目的語）の定型的な結びつき（コロケーション）があります。Part 5 では動詞または名詞が空所になっていて選ばせる問題も出ます。

❶ ☐ **cast** a **shadow**　影を落とす
❷ ☐ **conduct** a **survey**　調査を実施する
❸ ☐ **deliver** a **speech**　スピーチをする
❹ ☐ **do** a **favor**　役立つ；手助けする
❺ ☐ **found** a **company**　会社を設立する
❻ ☐ **hold** a **meeting**　会議を開く
❼ ☐ **make** an **appointment**　アポイントを取る
❽ ☐ **make efforts**　努力する
❾ ☐ **make progress**　進歩する
❿ ☐ **meet** a **deadline**　締め切りを守る
⓫ ☐ **miss** a **target**　目標を逃す
⓬ ☐ **place** an **order**　注文する
⓭ ☐ **play** a **role**　役割を果たす
⓮ ☐ **seal** a **contract**　契約に調印する
⓯ ☐ **reach** a **conclusion**　結論に達する
⓰ ☐ **renew** a **contract**　契約を更新する
⓱ ☐ **raise money**　資金を調達する
⓲ ☐ **take (the) minutes**　議事録を取る
⓳ ☐ **take responsibility**　責任を負う
⓴ ☐ **throw** a **party**　パーティーを開く